101 Dinge, die man über Bahnhöfe wissen muss

Michael Dörflinger

101 Dinge die man über Bahnhöfe wissen muss

Inhalt

Vorwort

Viele Eisenbahnfreunde interessieren sich vor allem für Lokomotiven. Doch wie interessant und oft überraschend die Beschäftigung mit Bahnhöfen sein kann, soll dieser kleine Band der 101er-Reihe zeigen.

Am Anfang stehen die verschiedenen Typen von Bahnhöfen und wie sie charakterisiert sind. Die oft als Kathedralen des Verkehrs bezeichneten Hauptbahnhöfe sind ebenso präsent wie die kleinen auf dem Land. Die verschiedenen Bestandteile des Bahnhofs und ihre Aufgaben werden gezeigt. Es folgen Porträts wichtiger Bahnhöfe aus aller Welt, eine Reise zu den größten, höchsten oder schönsten Bahnhöfen, die sich lohnt.

Bahnhöfe haben Geschichte und sie haben ihre Geschichten. Einige davon werden auf den folgenden Seiten erzählt. Übrigens werden hier nicht nur die Bahnhöfe der »klassischen« Eisenbahn berücksichtigt, sondern auch U-Bahn-Stationen, denn die gehören ebenfalls zu den 101 Dingen, die man über Bahnhöfe wissen sollte.

Am Ende ist ein Buch mit vielen Facetten herausgekommen, bei dessen Lektüre ich allen Lesern viel Freude wünsche!

Augsburg im Sommer 2022

Michael Dörflinger

Ich möchte das Buch meiner Mutter und meinem Onkel Charly widmen, die uns innerhalb eines Jahres für immer verlassen haben und die ich nie vergessen werde.

Definition der Bahnhöfe 1

1

Nach der Lage im Netz

Für die meisten Menschen ist ein Bahnhof das, worunter de Eisenbahner das Empfangsgebäude versteht. Dazu komme vielleicht noch die Bahnsteige – fertig. Doch wenn man den Be griff »Bahnhof« sauber definiert, dann gibt es eine Reihe von Kri terien, mit denen wir uns in den ersten Kapiteln dieses Bandes be schäftigen wollen. Zu Beginn betrachten wir die verschiedenen Arte von Bahnhöfen im Hinblick auf ihre Lage im Schienennetz. Dabei ist e durchaus auch möglich, dass auf einen Bahnhof mehrere Aspekte zutreffer

Bahnhöfe an einer Bahnstrecke

Der älteste Bahnhof nach der Lage im Netz ist der **Endbahnhof**. A diesem Bahnhof starten und enden Züge. Bis zum Endbahnhof au der anderen Seite der Strecke findet man die **Zwischenbahnhöfe**, die of auch nur Haltepunkte sind (siehe Kasten). Mit der Verdichtung des Schie nennetzes war man natürlich darauf bedacht, zwischen verschiedenen Stre cken Verbindungen zu schaffen. So entstand der **Anschlussbahnhof**. Hie trifft in der Regel eine Nebenstrecke auf eine Hauptstrecke und die Fahr gäste können umsteigen. Normalerweise gibt es keinen Zugübergang. In Unterschied dazu ist es bei einem **Trennungsbahnhof** so, dass sich dor Züge in verschiedene Richtungen verzweigen, es aber so ist, dass Züge vo einer Strecke in die andere übergehen. Dabei ist der Unterschied zum An schlussbahnhof manchmal nicht klar gefasst.

Blick auf die ausgedehnte Bahn- anlage des neuen Wiener Haupt- bahnhofs, der 2014 eröffnet wur de. Der Knotenbahnhof, an dem sich Züge aus allen Richtungen treffen, wurde als moderner Durchgangsbahnhof konzipiert und bietet heute rund 30.000 Menschen einen Arbeitsplatz – bei den ÖBB oder in den etwa 90 Lokalen und Geschäften.

Bild: ÖBB/Immobilienmanagement GmbH

Ein Zwischenhahnhof wird nur von einem Zug einer einzigen Bahnstrecke bedient. Das ist die einfachste Form eines Bahnhofs nach der Lage im Schienennetz. Bild: Pavel Bortel/Fotolia.de

Eine andere Art ist der **Berührungsbahnhof**. Hier treffen zwei oder mehrere Strecken aufeinander, ohne dass sich deren Gleise kreuzen. Der Fahrgast kann hier nur umsteigen. Das ist zum Beispiel die Regel, wenn sich Strecken unterschiedlicher Spurweiten treffen. Wenn sich die beiden Strecken jedoch berühren und ein Übergang von einer Strecke auf die andere möglich wird, spricht man von einem **Kreuzungsbahnhof**.

Der bedeutendste Bahnhof hinsichtlich seiner Lage im Streckennetz ist der **Knotenbahnhof**. Hier treffen mehrere Strecken aufeinander und es sind auch Übergänge möglich. Es kann aber auch sein, dass sich eine Strecke mit den anderen nur berührt. Der Hauptbahnhof einer Stadt ist meistens auch ein Knotenbahnhof.

Wussten Sie schon?

Von Haltepunkt und nicht von einem Bahnhof spricht man streng genommen, wenn ein kleiner Ort eine Bahnstation besitzt, die nur eingleisig ist oder zwei parallele Gleise hat. Im allgemeinen Sprachgebrauch – und in diesem Buch – machen allerdings die wenigsten diese Unterscheidung. Und »Bahnhof« klingt ja auch wirklich besser.

Definition der Bahnhöfe 2

Die verschiedenen Bahnhofsformen

2

Neben der Definition aus dem ersten Kapitel nach der Lage im Netz definiert man Bahnhöfe auch nach der Form, also der Architektur und dem Grundriss der Gleisanlagen. Dabei unterscheidet man zwei grundlegende Konzepte: **Durchgangsbahnhof** und **Kopfbahnhof**. Der letztere ist der klassische Endbahnhof und älteste Form eines Bahnhofs, in dem die Gleise an Prellböcken enden. Die Ein- und Ausfahrt erfolgt in die gleiche Richtung. Bei der Verwendung von Dampfloks mit Schlepptender war es dann nötig, eine andere Lok ans andere Ende des Zuges zu kuppeln, denn beim Neustart wird ein Fahrtrichtungswechsel vorgenommen. Mit Tenderloks, Steuerwagen wie etwa beim InterCity oder mit Wendezügen hatte man es später geschafft, diesen Aufwand zu vermeiden.

Anders beim Durchgangsbahnhof. Hier fährt der Zug in die gleiche Richtung weiter. Dieser Betriebsablauf spart Zeit und ermöglicht es, kür-

Der Hauptbahnhof von Halle an der Saale ist als Inselbahnhof angelegt. Diese alte Ansicht wurde um 1900 fotografisch festgehalten. Bild: Sammlung Michael Dörflinger

Eine einfache Form des Durchgangsbahnhofs ist Eisfelder Talmühle. Hinsichtlich der Lage im Netz ist er ein Trennungsbahnhof (Harzquerbahn und Selketalbahn). Bild: Jens Rasch

zere Aufenthaltszeiten im Bahnhof zu erreichen. Ist bei einem Durchgangsbahnhof der Endhalt erreicht, erfüllt ein Gleis dieselbe Funktion wie das eines Kopfbahnhofs. Es kann aber auch bei Durchgangsbahnhöfen stumpfe Gleise geben, die in einem Prellbock enden. Überhaupt können sich die Formen je nach betrieblicher Situation durchaus mischen.

Empfangsgebäude zwischen den Gleisen

Neben diesen beiden Formen sind weitere zu nennen, die sich durch ihre besondere Architektur auszeichnen. An erster Stelle sei hier der **Inselbahnhof** genannt. Damit sind nicht etwa Bahnhöfe gemeint, die sich auf Inseln befinden (siehe Kapitel 43). Vielmehr werden jene Bahnhöfe so genannt, bei denen sich das Empfangsgebäude zwischen den Gleisen von mindestens zwei Strecken befindet. Vor und hinter dem Bahnhof müssen die Gleise allerdings miteinander verbunden sein, denn sonst spricht man von einem **Keilbahnhof**. Inselbahnhöfe entstehen oft dadurch, dass der Platz für einen Ausbau der Anlagen auf der einen Seite des Geländes nicht zur Verfügung steht und man deshalb auf der anderen Seite des Empfangsgebäudes bauen muss. Da der Weg zum Empfangsgebäude immer einen Tunnel unter dem Gleis oder eine Brücke erfordert, ist der bauliche Auf-

Der Hamburger Hauptbahnhof ist ein Reiterbahnhof. Das Empfangsgebäude steht quer über den Gleisen. Hier ein Blick auf die Nordfassade des Baus. Bild: kameraauge/Fotolia.de

wand entsprechend groß und der Zugang mitunter erschwert. So wurden immer wieder Inselbahnhöfe umgebaut. Ein bekanntes Beispiel für den Inselbahnhof ist der Hauptbahnhof von Halle an der Saale, der 1890 eröffnet wurde und bei dem diese Bauform auch daran lag, dass verschiedene Bahngesellschaften unter einen Hut gebracht werden mussten.

Empfangsgebäude über den Gleisen

Eine weitere Sonderform ist der **Reiterbahnhof**. Er ist dadurch gekennzeichnet, dass sich das Empfangsgebäude quer über den Gleisen befindet. Die Passagiere erreichen ihre Bahnsteige, indem sie sich auf Treppen oder mit Aufzügen ein Stockwerk tiefer begeben. Das prominenteste Beispiel für diese Form ist sicher der Hamburger Hauptbahnhof.

Das Gegenteil des Reiterbahnhofs ist der **Tunnelbahnhof**, bei dem sich die Bahnanlagen unter der Erde befinden. Diese Form findet man vor allem bei S- und U-Bahnen, doch gibt es auch Beispiele bei der »großen« Eisenbahn. Allerdings handelt es sich dabei meist um Mischformen.

Die letzte Sonderform, von der hier gesprochen werden soll, ist der **Turmbahnhof**. Bei ihm handelt es sich um ein Bauwerk, bei dem mindestens zwei Gleise übereinander liegen und wo der Fahrgast über Rolltreppen, Treppen oder Aufzüge das andere Niveau erreicht. Wenn dieser Bahnhof auch einen S- oder U-Bahn-Anschluss besitzt, dann befindet sich ein Teil des Turmbahnhofs unter der Erde, ähnlich einem Tunnelbahnhof. Ein

Übergang der Gleise wird in der Regel über eigens gebaute Verbindungsgleise möglich. Das bekannteste Beispiel für einen Turmbahnhof ist der 2006 eröffnete Hauptbahnhof der deutschen Hauptstadt Berlin. Er ist zugleich der größte Turmbahnhof Europas. Überhaupt ist Berlin eine Stadt mit recht vielen Turmbahnhöfen. Das liegt daran, dass auf diese Weise eine Platz sparende Verbindung von S-, U- und Eisenbahn geschaffen werden kann. Ebenfalls beliebt ist der Turmbahnhof in Japan, wo sich mehrere Bahnlinien an einem Ort begegnen.

Viele Mischformen

Wie man schon bei einigen der gegebenen Beispiele gesehen hat, existieren viele Bahnhöfe, bei denen sich die verschiedenen Formen mischen. So wird einmal mehr deutlich, dass Definitionen nur beschreibende Erklärungen sind, mit denen der Mensch versucht, Struktur in ein Phänomen zu bringen. Dennoch ist eine Definition hilfreich, denn dank ihr bekommt man ein genaueres Bild vor dem inneren Auge.

Zuletzt sei noch eine Form des Bahnhofs erwähnt, der wir in Kapitel 57 noch einmal begegnen werden: Der **Flügelbahnhof**. Das ist ein betrieblich abgetrennter, aber sich auf dem Areal des Hauptbahnhofs oder in unmittelbarer Nähe befindlicher Bahnhof. Manchmal ist er historisch bedingt, wenn verschiedene Bahngesellschaften ihre eigenen Bahnhöfe direkt nebeneinander eingerichtet haben.

Der Berliner Hauptbahnhof wurde in den 2000er-Jahren als Turmbahnhof angelegt. Die Gleise befinden sich auf verschiedenen Ebenen. Bild: Hannelore Dörflinger

Definition der Bahnhöfe 3

Unterscheidung nach Aufgaben

3

Wenn man die Bahnhöfe nach ihren Aufgaben definiert, dann unterscheidet man drei Gruppen: Bahnhöfe mit Verkehrsaufgaben, Bahnhöfe ohne Verkehrsaufgaben und solche mit Sonderaufgaben. Zur ersten Gruppe gehören die **Personenbahnhöfe**, die bei den meisten Menschen als der Bahnhof schlechthin gelten. Außerdem gehören dazu die **Güterbahnhöfe** und solche, die beide Aufgaben gleichzeitig erfüllen.

Bahnhöfe, die keine Verkehrsaufgaben erfüllen, werden nur zur korrekten Abwicklung des Eisenbahnbetriebs gebraucht. Das sind etwa **Kreuzungsbahnhöfe** – bei eingleisigen Strecken wenn mehrere Züge verkehren unabdingbar–, **Überholungsbahnhöfe** oder Betriebsbahnhöfe, zu denen **Rangierbahnhöfe** oder **Abstellbahnhöfe** zählen.

Zur letzten Gruppe zählen alle anderen Bahnhöfe, die besondere Aufgaben zu erfüllen haben. Hier gibt es spezielle Formen, etwa den **Grenz-**

Bei kleineren Bahnhöfen findet man die Güterabfertigung häufig unmittelbar neben dem Empfangsgebäude. Früher waren die Züge oft kombiniert. Bild: Tyler Olson/Fotolia.de

Der Rangierbahnhof Maschen ist der größte seiner Art in Europa. Er wurde 1977 eröffnet und bis 2014 modernisiert. Bild: volkerr/Fotolia.de

und den **Transitbahnhof** beim Verkehr über Landesgrenzen hinweg, **Übergabebahnhöfe**, wo Züge einer anderen Bahngesellschaft übergeben werden, oder eine Sonderform des Grenzbahnhofs: den **Gemeinschaftsbahnhof**. Bei ihm betreiben die Bahngesellschaften der beiden benachbarten Länder den Bahnhof zusammen. Ein sehr schönes Beispiel dafür ist der Bahnhof Bayerisch Eisenstein/Železná Ruda-Alžbětín an der deutsch-tschechischen Grenze. Beim Grenzübergang oder bei Übergängen zu anderen Gesellschaften können **Systemwechselbahnhöfe** nötig werden. Ein solcher ist etwa der Bahnhof Brenner, wo die unterschiedlichen Stromsysteme von Österreich und Italien einen Lokwechsel erforderlich machen. Manchmal gibt es an einem Bahnhof verschiedene Spurweiten. Beim Übergang in eine andere Spurweite wird auf dem **Spurwechselbahnhof** ein Systemhalt notwendig. Der **Fährbahnhof** ist dazu da, den Übergang eines Zuges auf eine Fähre zu gewährleisten. Hingegen gehört ein Hafenbahnhof zu der Gruppe der Güterbahnhöfe, denn hier werden Güter umgeschlagen. Museumsbahnhöfe werden in Kapitel 87 genauer besprochen.

Wussten Sie schon?

Im Zweiten Weltkrieg wurde auf freiem Feld ein Scheinbahnhof errichtet, der den alliierten Bombern den Stuttgarter Hauptbahnhof vortäuschen sollte und sie dazu brachte, ihre tödliche Last hier abzuwerfen.

Bahnhofsarchitektur

4

Vom Historismus zur Moderne

Bahnhöfe wurden nicht nur als Start- und Endpunkt einer Bahnlinie verstanden. Die Empfangsgebäude wurden immer mehr zum Aushängeschild der Gemeinde oder Stadt. Und sie sind auch ein Ort, wo es etwas zu Essen oder zu Kaufen gibt. Die Architektur der »Kathedralen des Verkehrs« hat sich im Laufe der Jahre stark verändert. Die folgenden Seiten bieten einen kurzen Überblick über die Entwicklung der Bahnhofsbaukunst.

Vom Holzbau zum Eisenbahnpalast

Die ersten Bahnhöfe waren meist aus Holz gefertigt und waren nichts anderes als Provisorien. Doch schon früh hatten die Bahngesellschaften den Ehrgeiz, repräsentative Bauten zu errichten, die den Menschen zeigen sollten, dass die Eisenbahn ein Erfolgsmodell ist. Für die Städte wurden die Empfangsgebäude zu Wahrzeichen, denn die Reisenden setzten

Der Bahnhof der pommerschen Kleinstadt Kalisz Pomorski (früher Kallies) aus dem späten 19. Jahrhundert war bis 1945 deutsch. Bild: Maciej Wienszczak/Fotolia.de

Der erste Bahnhof von Zürich um 1847 war ein schlichter Bau im klassizistischen Stil. Er musste 1871 einem prächtigen Neubau weichen. Bild: Johann Baptist Isenring

hier zum ersten Mal einen Fuß auf den Boden. Sehr schnell wichen die Holzgebäude solchen aus Stein, die meist großzügig gehalten waren und nicht nur Wartesäle für die verschiedenen Klassen boten, sondern auch die Möglichkeit boten, Speisen einzunehmen – und natürlich Fahrkarten zu kaufen. Auf dem Land wurden die Bahnstationen in der Regel im Stil der Region errichtet. In den Städten hingegen entstanden meist Gebäude im Stil des Spätklassizismus, dem in diesen Jahren dominierenden Baustil.

Geschichte und Gegenwart verbunden

Nach 1870 wurde der Historismus in Europa prägend. Die Architekten schöpften aus den verschiedenen Epochen der Geschichte und schufen Bauwerke aus dem Geist vergangener Zeiten mit modernen Techniken und Materialien neu. Dabei ging es nicht nur darum, etwas alt Wirkendes zu errichten, es steckten geschichtlich begründete Motive dahinter. So wurden viele Kirchen nach dem Vorbild der »klassischen« Kirchenstile Romanik und Gotik neu gebaut. Bürgerliche oder Gebäude mit kaufmännischem Bezug wurden gern im Stil der Neorenaissance errichtet – einer Zeit, die mit den durch den Handel groß gewordenen italienischen Städten verbunden ist.

Bei den Empfangsgebäuden findet man in dieser Zeit viele verschiedene Stile, die immer wieder auf alte Baustile zurückgreifen. Eines aber haben sie gemeinsam, gleich ob sich der Architekt an die Gotik, die Renaissance, den

Der neue Bahnhof von La Rochelle beeindruckt durch seinen 45 Meter hohen Turm. Er wurde 1909 begonnen und 1922 eingeweiht. Bild: kameraauge/Fotolia.de

Der Bahnhof Haydarpascha wurde als Ausgangspunkt der Bagdadbahn 1908 von deutschen Firmen gebaut. 2010 wurde er Opfer eines Brands und renoviert. Bild: Sinasi Müldür

Barock oder exotische Baustile anlehnte: Die Fassade in Richtung der Stadt war besonders prächtig gehalten, man arbeitete mit vielen Verzierungen, die Innenausstattung war aufwendig gestaltet. Sehr oft findet man einen oder mehrere Türme, die nicht nur sehr repräsentativ wirken, sondern dem Reisenden zeigten, wo er in der fremden Stadt zum Bahnhof findet. Es ist kein Wunder, dass viele Gebäude dieser Epoche wie Schlösser wirkten.

Eine neue Phase begann in Deutschland, als in vielen Städten die kleineren Bahnhöfe verschiedener Betreiber nicht mehr ausreichten und man daran ging, neue Zentralbahnhöfe zu errichten, die an die Stelle mehrerer kleinerer Stationen traten. So wurden etwa beim neuen Leipziger Centralbahnhof von 1915 Thüringer, Magdeburger und Dresdner Bahnhof zusammengefasst. Diese ausgedehnten Anlagen wurden mit weitläufigen und mächtigen Empfangsgebäuden ausgestattet.

Mit dem Aufkommen des Jugendstils trat ein verspieltes Element in die Bahnhofsarchitektur ein, Blumenmuster, dekorative Flächen und ein Hauch von Luftigkeit und Leichtheit schufen anstelle der Ehrfurcht gebietenden mächtigen Gebäuden freundliche, lebensfrohe Bauwerke. Man denkt dabei sofort an die Stationen der Wiener Stadtbahn oder die Bahnhöfe von Darmstadt (sowieso einer Hochburg des Jugendstils) oder Olden-

Im Stil der flämischen Renaissance wurde 1906 der Bahnhof der neuseeländischen Stadt Dunedin gebaut. Auch er besitzt einen eindrucksvollen Turm. Bild: Flying-Tiger/Fotolia.de

Das neue Empfangsgebäude des Linzer Hauptbahnhofs wurde 2004 eröffnet. Die beiden Löwen standen bereits vor dem schmucklosen Nachkriegsbau von 1949. Bild: ÖBB

burg. Doch solche exquisite Lebensfreude war im Ersten Weltkrieg schnell untergegangen. Die Nachkriegsbauten waren der neuen Sachlichkeit und der Architektur des Bauhaus verpflichtet. Beispielhaft dafür war der Hauptbahnhof von Stuttgart des Architekten Paul Bonatz von 1926 mit seinen eckigen, klaren und einfachen Formen.

Nutzbauten und neuer Glanz

Durch den Bombenkrieg auf die Städte wurden in ganz Europa viele Bahnhöfe stark in Mitleidenschaft gezogen. Viele Empfangsgebäude wurden zerstört. Manche Bahnhöfe, wie etwa der Anhalter Bahnhof in Berlin, wurden nie mehr neu aufgebaut. Andere wiederum wurden notdürftig geflickt und die Provisorien wurden möglichst schnell und preiswert aus dem Boden gestampft. In diesen Jahren legte man auf die Optik nicht so viel Wert. Dennoch gelangen einige Bauwerke, deren rauer Charme von Stahlbeton und Glas die Zeit nach dem Zweiten Weltkrieg prägten. Doch meistens waren es nur einfache Zweckbauten. Der Aufbruchsgeist der Eisenbahn war vorbei. Mit dem Aufkommen des Autoverkehrs verlor die Eisenbahn an Ansehen. Für sie waren die Jahre nach dem Wirtschaftswunder Jahre das Abstiegs. Bahnhofsgebäude wie in Essen oder München erfüllten ihre Aufgaben, ohne im geringsten mit ihren Vorgängerbauten konkurrieren zu können.

Doch dann begann die Zeit der Hochgeschwindigkeitszüge. Mit ihren neuen Premiumprodukten wollten die Bahngesellschaften ein neues Lebensgefühl transportieren, das sich auch in den großen Fernbahnhöfen niederschlagen sollte. In den 1990er- und 2000er-Jahren wurden und werden nicht nur viele Bahnhöfe modernisiert, sondern es wurden auch viele neu angelegt. Die bekanntesten Beispiele dafür sind im deutschsprachigen Raum sicher der Berliner Hauptbahnhof oder der neue Hauptbahnhof von Wien. Doch auch in anderen Städten, wie Linz, Luzern, Rotterdam, Kassel-Wilhelmshöhe oder einigen spanischen Städten – ganz zu schweigen von China – wurden neue Bahnhöfe gebaut.

Die Bahnhöfe in den großen Städten erfüllen heute viel stärker als vor einigen Jahren die Aufgabe als Zentrum für Konsum und Dienstleistung. So muss des Empfangsgebäude viel Platz und Verkaufsfläche bieten. Die kreative Architektur spielt wieder eine wichtige Rolle. Es dominieren Beton und vor allem Glas. Ungewöhnliche Formen sollen die Gebäude unverwechselbar machen. In Zukunft werden die Bahnhöfe der kommerziellen Zentren eine weiter wichtige Rolle spielen. Die Vielzahl der Pendler und Geschäftsreisenden ist auch eine zahlungskräftige Klientel, die am Bahnhof vor der Heimfahrt Geld lässt, sich einen Imbiss kauft, zum Friseur oder Supermarkt geht oder sich ein Geschenk und hoffentlich auch ein Buch über Bahnhöfe kauft.

Rotterdam Centraal Station bekam 2014 ein neues Bahnhofsgebäude. Material- und Formenwelt zeigen, was im 21. Jahrhundert möglich ist. Bild: Emilie Collard

Die Bahnsteighalle

Trockenen Fußes zum Zug

5

Das Warten auf den Zug erinnert nicht nur heute mitunter an ein berühmtes Theaterstück von Samuel Beckett. Die Eisenbahn hatte sich bei den großen Bahnhöfen Bahnsteighallen einfallen lassen, unter deren Dach der Fahrgast gegen die Unbilden der Witterung geschützt ist. Auf dem Bild S. 17 sieht man noch eine frühe Bahnsteighalle, die weitgehend aus Holz gefertigt war. In England führte Isambard Kingdom Brunel von der Great Western Railway für seine Breitspurbahnhöfe diese Bauart (natürlich im Mix mit anderen Materialien) an die Spitze. Im ältesten noch betriebenen Großbahnhof der Welt, Bristol Temple Meads, dessen Anfänge bis 1840 zurückgehen, kann man eine solche Bahnsteighalle sehen, sie allerdings etwas modernisiert worden war und schon lange keine Züge mehr empfängt. Holz war in der ersten Hälfte des 19. Jahrhunderts der wichtigste Baustoff für Bahnsteighallen. Das sollte sich bald ändern.

Elektrotriebwagen und Dieselloks brauchen keine hohen Hallen mehr. Solche Betonbauten mit Flachdächern findet man deshalb öfters. Bild: ti_to_tito/Fotolia.de

Die eindrucksvolle Bahnsteighalle des Bahnhofs Milano Centrale von 1931 ist die längste und größte der Welt. Bild: Giorgio Maria Zinno

Moderne Tempel des Verkehrs

Wieder kam die Neuerung aus England. Für die Weltausstellung 1851 in London hatte der britische Architekt Joseph Paxton den Crystal Palace gebaut. Dieses Gebäude bestand praktisch nur aus Gusseisen und Glas. Mit diesen neuen Baustoffen konnten ab Mitte des 19. Jahrhunderts leichte Dächer errichtet werden, die sich kühn in den Himmel hoben. Im Gegensatz zu den meist historisierenden Empfangsgebäuden der gleichen Zeit gelangen dadurch moderne Bauten, die den Fortschrittsgeist ihrer Zeit widerspiegelten. Wegen dem Rauch der Dampfloks mussten die Hallen recht hoch gebaut werden. Kein Problem für die Glas-Eisen-Architektur. Die größte Spannweite, die jemals eine Bahnsteighalle hatte, wurde bei der Philadelphia Broad Street Station von 1891 gemessen.

Nach dem Zweiten Weltkrieg wurden zunächst einfachere Hallen aus Beton konzipiert. Doch mit dem Wiederaufstieg der neuen und stark renovierten Fernbahnhöfe kamen erneut luftige, helle Dächer über die Bahnsteige ins Spiel. Ein schönes Beispiel ist Dresden Hauptbahnhof, dessen Dächer der drei Bahnsteighallen aus teflonbeschichteten Glasfaser-Membranen bestehen, modernen und stabilen Baustoffen, die den großen Vorzug haben, möglichst viel Licht in die Halle zu lassen.

Ein Großteil der Bahnhöfe besitzt allerdings keine Halle. Hier werden die Bahnsteige mit einzelnen Schutzdächern versehen, die zwar Niederschläge abhalten, aber wo die Passagiere gegen Wind nicht gefeit sind.

Der Wartesaal

6

Auch hier gab es mehrere Klassen

Heute warten die Passagiere in der Regel direkt am Bahnsteig auf ihren Zug. Früher war es üblich, sich in einem Wartesaal aufzuhalten. Dabei gab es verschiedene Aufenthaltsbereiche je nach gebuchter Klasse. Manche Bahnhöfe unterhielten sogar eigene luxuriöse Wartesäle für Könige, Fürsten oder andere Promis. Bekannt ist etwa der »Blaue Salon« im Bahnhof Biessenhofen im Allgäu. Hier machte einst der Bayernkönig Ludwig II. Rast auf seinem Weg nach Hohenschwangau oder zu Schloss Neuschwanstein. Die Deutsche Bahn hat mit ihren DB Lounges etwas Ähnliches eingeführt. Da dürfen nur Passagiere mit BahnComfort-Status oder Menschen mit 1.-Klasse-Fahrschein

hinein. Meistens waren Passagiere der ersten beiden Klassen in einem Wartesaal untergebracht, die der 3. und 4. Klasse in einem anderen. Gleiches galt für den Restaurationsbetrieb. In der 2. Auflage (1912–1923) der »Enzyklopädie des Eisenbahnwesens« des Freiherrn von Röll heißt es zur Ausstattung: *»Es empfiehlt sich, den Fußboden (...) in den Wartesälen aus Eichenholz herzustellen oder mit starkem Linoleum zu belegen. Für die Wandbekleidungen in Wartesälen und Gepäckräumen sind bis 2 m Höhe Fliesen oder Holztäfelung zu verwenden. Die Felder der Täfelung können in den Wartesälen auch mit Stoff oder Linoleum ausgefüllt werden. (...) Sonst sind Wände und Decken hell zu streichen, womöglich mit Ölfarbe; in den Wartesälen sind dunklere Farben zulässig, die zur Behaglichkeit beitragen. Reklamen sollten vermieden werden, da sie zum Stehenbleiben einladen. In den Wartesälen wirken sie außerdem sehr unschön. Bei der Wahl der Möbel in den Wartesälen soll außer der Rücksicht auf Gediegenheit auch die auf eine gewisse Behaglichkeit maßgebend sein.«*

Es gab auch mancherorts eigene Wartesäle für Frauen und Nichtraucher. Wichtig war, dass der Wartesaal nicht als Durchgang zu den Zügen gebraucht wurde. Die Reisenden sollten ihre Ruhe haben. In größeren Bahnhöfen gab es zusätzlich Speisesäle – ebenfalls nach Klassen unterteilt. In den Zeiten unserer Hektik und Geschwindigkeit hat sich das Bild stark gewandelt. In den Durchgangsbereichen zu den Gleisen findet man oft Imbissstände, Bäcker oder kleine Supermärkte, wo sich die Menschen etwas zu essen holen. Mancherorts werden im Gleisbereich Glashäuschen errichtet, wo man in der kalten Jahreszeit gegen Kälte und Feuchtigkeit geschützt warten kann. Und die Raucher sind schon lange in spezielle Raucherecken verbannt.

Der kleine Wartesaal des Museumsbahnhofs Schönberger Strand an der Bahnstrecke Kiel Süd–Schönberger Strand, der vom Verein Verkehrsamateure und Museumsbahn (VVM) meisterhaft renoviert wurde. Bild: Achim Scholty

Bahnhofsrestaurants

7 Gourmetküche und Fastfood

In den frühen Jahren des Eisenbahnreisens gab es keinerlei Möglichkeit, sich im Zug zu verköstigen. Stattdessen gab es zur Mittagszeit einen längeren Aufenthalt in einem Bahnhof, wo die Passagiere ausstiegen und sich entweder nur die Füße vertraten oder aber in dem Bahnhofsrestaurant eine Mahlzeit einnahmen. Dabei gab es unterschiedliche Klassen. Die Küche war in der 1. Klasse dem Geschmack der feinen Leute angemessen und wurde vielfach gelobt.

Konkurrenz der Speisewagen

Als die Great Northern Railway in Großbritannien 1879 den Speisewagen einführte, nahmen sich viele Bahngesellschaften diese Neuerung zum Vorbild. Für die Passagiere war es nun möglich, sich während der Fahrt satt zu essen. Ein »Systemhalt« zur Nahrungsaufnahme, der immerhin Zeit kostete, konnte nun entfallen. Die große Zeit der Bahnhofsrestaurants war damit an vielen Orten vorüber. In großen Umsteigebahnhöfen blieben die Restaurationsbetriebe allerdings noch unverzichtbar.

Im Hauptbahnhof von Nizza kann man sich in diesem modernen Konsum- und Genusstempel kulinarisch verwöhnen lassen. Bild: Ludovic Charlet

Einer der bekanntesten Bahnhofsrestaurantwirte war Ernst Zahn mit seinem Bahnhofbuffet, wie man es in der Schweiz nennt, in Göschenen. Er avancierte zu einem viel gelesenen Unterhaltungsschriftsteller.

Im Getriebe der Zeit

Die moderne Zeit ist eine, in der der Mensch eines nicht hat: Zeit. So wurden an Bahnhöfen neben den Gastwirtschaften immer öfter Imbissstationen oder bistroähnliche Restaurationen eingeführt, in denen die Nahrungsaufnahme deutlich schneller vonstatten gehen konnte als im Restaurant. Vor allem bot sich hier die Möglichkeit, sich schnell etwas zu kaufen, das man dann am Bahnsteig oder im Zug verzehren konnte. Vielerorts entstanden in den letzten Jahren in den Empfangsgebäuden Filialen amerikanischer Kaffeehäuser oder Fast-Food-Ketten.

Das Bahnhofbuffet von Göschenen am nördlichen Eingang zum Gotthardtunnel wurde in Hermann Burgers fabelhaftem Roman »Die künstliche Mutter« zum Schauplatz auserkoren. Das Bild zeigt einen Zug der Gotthardbahn bei einem Halt um 1905.
Bild: Lüönd Iten

Schnellimbisse nicht nur der Systemgastronomie amerikanischer Provenienz sind auf fast jedem größeren Bahnhof zu finden. Und Pommes frites schmecken nicht nur, wenn es schnell gehen muss ... Bild: Uwe Driesel

Bahnhof und Kommerz

8

Geschäftspassagen der großen Bahnhöfe

Ansichtskarten, Zeitschriften und Taschenbücher sind die klassischen Produkte, die man in einem Bahnhof kaufen kann Doch die Art der Geschäfte hat sich gewandelt und es sind vie mehr geworden. Der Standort des Bahnhofs ist eine exquisit Verkaufslage geworden.

Vorbei sind in vielen Städten die Jahre, wo der Bahnhof Schmutz, abgestandene Luft und heruntergekommene Bahnsteige bedeutete. In Zeiter von Parkplatznot und einer Rekordzahl an Pendlern, die mit dem ÖPNV oder Regionalzug zur Arbeit fahren, werden die Areale rund um Hauptbahnhöfe oder U-Bahn-Stationen immer interessanter als Ort von Geschäften und Dienstleistungen. Nach der Arbeit schnell noch etwas besorgen, denn wenn man am Heimatort ankommt, sind die Läden zu. Eir Frühstück oder einen Kaffee schnell noch holen, bevor man ins Büro geht Die modernen Zugänge zum Schienenverkehr sind Einkaufs- und Dienst-

Die Einkaufsfläche des neuen Linzer Hauptbahnhofs – die Einrichtung solcher Einkaufsmeilen und die der großen Geschäftspassagen ähneln sich. Bild: ÖBB

In Leipzig wurde das Innere des Empfangsgebäudes zu einem großen Einkaufszentrum ausgebaut. Auf drei Stockwerken kann man jetzt shoppen. Bild: Hannelore Dörflinger

Leistungspassagen geworden, die es mit ihrem Angebot sogar schaffen, Kunden dazu zu bringen, dass sie den Bereich der U-Bahn, S-Bahn oder der Eisenbahn gar nicht mehr verlassen.

Schöne neue Einkaufswelt

Das ist in einer Zeit, die keine Zeit hat, Magie. Für das Erlebnis Einkaufen sind die Passagen lichtdurchflutet, knallig bunt und praktisch. Gläserne Aufzüge und Rolltreppen sorgen dafür, dass der Kunde mühelos durch den Kommerztempel gleiten kann. Der Berliner Hauptbahnhof zum Beispiel bietet rund 80 Geschäften, Dienstleistern und Gaststätten ein Zuhause. Immer dabei sind inzwischen Handyläden, Boutiquen oder Supermärkte. Anderswo gibt es auch Kinos, Cafés oder Arztpraxen.

Für die Geschäftsleute in den Innenstädten ist das natürlich keine Entwicklung, die begeistern kann. Noch dazu, wo die Bedrohung durch den Onlinehandel stärker wird. Immer mehr Geschäfte in Randlagen werden wahrscheinlich zumachen. Doch auch die großen Bahn-Einkaufscenter sind nicht unbedingt das Ei des Kolumbus. In Krisenzeiten, wenn einigen die Miete zu hoch wird, kann sich die Entwicklung auch umkehren und die Kaufwilligen irren schließlich durch Gänge, in denen sie nichts als zugeklebte Scheiben sehen.

Aushängeschild und Ballast

9

Das Ende der Empfangsgebäude?

In Zeiten von Fahrkartenautomaten und Onlinetickets wurd an den kleineren Bahnhöfen das Empfangsgebäude überflüssig Die Bahnen sparten Personal ein und die Passagiere standen vo verschlossenen Türen. Die Deutsche Bahn wollte sich die hohe Kosten für die Renovierung der Gebäude sparen und hatte ein andere Idee: Man bot die Empfangsgebäude kleinerer Bahnhöfe zun Verkauf an – sehr zum Ärger vieler Bahnfans oder Modellbahnclubs, die i manchen Orten ihre Anlage in Räumen dieser Gebäude eingerichtet hatten. Das was die neuen Eigentümer daraus machten, war nicht immer da Gelbe vom Ei.

Neue Strategie

Eine vertrackte Situation. Doch im Sommer 2022 sollte sich das Blat wenden. DB-Infrastrukturvorstand Berthold Huber verkündete Sen-

Das Empfangsgebäude des Bahnhofs Bobingen – Toiletten und Fahrkartenschalter bilder noch die Infrastruktur. Das Hauptgebäude links stammt bereits von 1847. Bild: Michael Dörflinger

Der ehemalige Bahnhof Bockenfeld an der Bahnstrecke Rothenburg ob der Tauber–Dombühl. Gleise gibt es hier schon seit Jahren nicht mehr. Bild: Michael Dörflinger

sationelles: *»Bahnhöfe sind das Eingangstor der Reisenden zum Zug, ihre Gebäude und Vorplätze quasi die Visitenkarte eines Ortes. Sie müssen freundlich und einladend sein. Deswegen stoppen wir den Verkauf unserer Empfangsgebäude. Wir wollen die Flächen gemeinsam mit den Städten und Gemeinden gestalten und weiterentwickeln.«* Das war die Rettung für viele Empfangsgebäude, vor allem der auf dem Land. Huber glaubt an einen doppelten Gewinn: *»Um die Mobilitätswende voranzubringen und die Akzeptanz der klimafreundlichen Schiene zu steigern, brauchen wir attraktive Bahnhöfe und ein angenehmes Umfeld. Zur Starken Schiene gehören auch einladende Empfangsgebäude. Das ist im Sinne des Gemeinwohls, und die Kommunen profitieren ebenfalls.«*

Doch für weit über 2.000 Gebäude kommt dieser Gesinnungswandel zu spät. Sie wurden bereits veräußert, davon rund drei Viertel an private Investoren, der Rest an Gemeinden. Die Verkaufsstrategie passte zur Bahnpolitik, die Knoten und den Fernverkehr massiv zu stärken und die Fläche auszudünnen, die nicht so rentabel ist. Der neue Zeitgeist wird hier sicher einiges zum Besseren verändern.

Die Bahnhofsmission

10

125 Jahre Hilfe für die Menschen

Die erste Bahnhofsmission wurde im Herbst 1894 am Schlesischen Bahnhof in Berlin gegründet, dem heutigen Ostbahnhof. Anfangs entstanden mehrere Missionen verschiedener Träger, vor allem auch der beiden großen christlichen Kirchen. 1910 schlossen sie sich zur »Konferenz für Kirchliche Bahnhofsmission in Deutschland«, abgekürzt KKBM, zusammen. Ziel war es, den in die Stadt reisenden Frauen und Mädchen Schutz vor Ausbeutung und Missbrauch zu bieten, aber auch jungen Männern eine Anlaufstelle in der fremden Stadt zu sein.

Immer mehr soziale Aufgaben werden übernommen

Nach dem Ersten Weltkrieg kümmern sich Bahnhofsmissionen auch um heimkehrende Soldaten, Flüchtlinge aus Gebieten, die vom Reich abgetrennt wurden, amnestierte Strafgefangene sowie Auswanderer. Die Not in jenen Jahren war groß, es sei denn, man war Kriegsgewinnler. Die Inflation fraß die Ersparnisse vieler Menschen auf. Damals wurden die Bahnhofsmissionen zu wichtigen Versorgungsstellen für die notleidende Bevölkerung. Die meisten der Helfenden waren damals Frauen. Jetzt wurden auch hauptamtliche Mitarbeiterinnen eingestellt. Anfang der 1930er-Jahre kümmerte sich die Bahnhofsmission vor allem um alleinreisende Kinder, Landhelfer oder arbeitslose Jugendliche. 1939 verboten die Nationalsozialisten die Bahnhofsmission. Na ja, viel anderes war von denen auch nicht zu erwarten.

Hilfe gibt es nicht nur für Eisenbahnreisende: Die Bahnhofsmission ist für alle da. Bild: Werner Krüper

Die Helfer der Bahnhofsmission unterstützen gesundheitlich eingeschränkte Menschen bei ihren Wegen zum Zug oder beim Ausstieg. Bild: Werner Krüper

Doch schon gleich nach dem Krieg erlebten die Bahnhofsmissionen ihre Wiederauferstehung. Es gab mehr zu tun als je zuvor. Heimatvertriebene, Kriegsheimkehrer, Verschleppte – sie alle brauchten eine Anlaufstelle. In den 1960er-Jahren kümmerten sich die helfenden Hände der Bahnhofsmission um die vielen mit dem Zug angekommenen Gastarbeiter. Auch den aus der DDR zu Besuchen einreisenden Rentnern boten die Bahnhofsmissionen die nötige Hilfe. Überhaupt ist das Engagement der Bahnhofsmission bei der Hilfe ältere und behinderter Menschen, ihren Zug zu finden, eine herausragende Leistung. Hilfe suchen und finden viele Arbeitslose, Drogenabhängige und Obdachlose, in steigender Zahl auch Menschen mit psychischen Erkrankungen. Immer mehr wurden die Bahnhofsmissionen zu Anlaufstellen sozial Benachteiligter und übernahmen damit einmal mehr Aufgaben, die der Sozialstaat zu leisten hätte. Die guten Samariter der Bahnhöfe gründeten 2003 das Programm »Kids on Tour«, das alleinreisende Kinder unterstützt.

Wussten Sie schon?

Die Bahnhofsmission benennt ihre Aufgaben so: »uneingeschränkte, gleiche Würdigung aller Menschen, Hilfe und Begleitung in Notsituationen, das ehrenamtliche Engagement vieler Mitarbeiterinnen und Mitarbeiter, das ökumenische Miteinander sowie ihr besonderer Ort: der Bahnhof.«

Ticketverkauf

11

Schalter – Automat – Online

Die frühesten Fahrkarten der Eisenbahn waren Zettelkarten, die von Eisenbahnbeschäftigten ausgegeben wurden und auf denen das Reiseziel und der Fahrpreis vermerkt waren, außerdem waren der Tag der Ausstellung, die Zuggattung und Wagenklasse, die Anzahl der Mitfahrenden und die Geltungsdauer vermerkt. Ähnlich war das bei der Pferdepost gehandhabt worden.

Die Fahrkarte wird geboren

Bei zunehmendem Bahnverkehr erwies sich dieses System als zu schwerfällig und zeitaufwendig. In England hatte man zuerst die Fahrkarte eingeführt. Es handelte sich um Kärtchen aus starkem Karton von 55 bis 60 Millimetern Länge und 30 Millimetern Breite, auf denen Abgangs- und Ankunftsstation, Wagenklasse und Fahrpreis aufgedruckt waren. Je nach gebuchter Wagenklasse waren sie farblich unterschieden. In Deutschland war die 1. Klasse gelb, die 2. grün, die 3. braun, und die 4. Klasse grau. Entwertet wurden die Fahrkarten durch den Schaffner mit Hilfe einer kleinen Zange. Diese Form der Fahrkarte wurde lange Jahre beibehalten. Erst mit der Fahrkarte aus den Automaten wurde einfacheres, gut bedruckbares Papier verwendet. Das Online-Ticket wird im Internet gekauft und entweder selbst ausgedruckt oder auf dem Smartphone gespeichert.

An solchen Schaltern wurden früher die Fahrkarten verkauft. Heute Nostalgie. Bild: Wolfgang Eckert

Die Bahnsteigkarten

12

Heute sind sie fast vergessen

Mit zunehmendem Verkehr ging es auf Bahnsteigen immer enger zu. Viele Neugierige drängten sich, den Zug zu sehen und Abschiednehmende blockierten den Zugang. In vielen Ländern wurden deshalb Bahnsteigsperren errichtet. Hier durfte nur jemand durch, der einen gültigen Fahrschein besaß – oder der sich eine Bahnsteigkarte gekauft hatte. Diese Tickets wurden zu einem geringen Preis ausgegeben. Wer es erworben hatte, durfte sich für eine gewisse Zeit auf den Bahnsteigen bewegen, etwa um eine Verwandte mit viel Gepäck abzuholen oder den Erbonkel aus Amerika zu begrüßen. Ausnahmen galten für Personen, die dienstlich Zugang zum Bahnsteig haben mussten oder Behördenmitarbeiter. Mit den Bahnsteigkarten wurde also mehr Sicherheit in den Einstiegszonen erreicht.

Bahnsteigkarten bis heute

Automaten für Bahnsteigkarten wurden viel früher als Fahrkartenautomaten eingeführt. In den 1960er-Jahren wurden bei den Eisenbahnen der beiden deutschen Staaten die Bahnsteigsperren und somit die Bahnsteigkarten sukzessive abgeschafft. Die letzten Sperren fielen 1974 anlässlich der Fußball-WM. Die letzten Bahnsteigkarten werden in Deutschland beim Hamburger Verkehrsverbund verkauft. Bahnsteigsperren findet man heute nur noch bei manchen U-Bahnen, wo man seinen Fahrschein entwertet und ein Drehkreuz passiert.

Auf diesem Foto sieht man die Eingangshalle des Hauptbahnhofs von Potsdam im Jahr 1960. An den Häuschen wurde kontrolliert, ob Ticket oder Bahnsteigkarte vorhanden sind.

Bild: Bundesarchiv, Eva Brüggmann/ C.C. 3.0

Brücke zu den Gleisen

Über die Züge zum richtigen Gleis

13

Bei Durchgangsbahnhöfen führt der Weg zu den Bahnsteigen 2 und höher immer quer zu den Gleisen entweder unterirdisch oder über einen Fußgängersteg, der oftmals eingehaust ist. Andere Bezeichnungen sind Personenbrücke, Personensteg, Bahnsteigbrücke oder Übergangsbrücke. Dieses ist manchmal die günstigere Variante im Vergleich zu einer Unterführung, besonders wenn die Bodenverhältnisse schwierig sind. Solche Brücken wurden früher auch für den Gepäcktransport verwendet.

Nachteile dieser Bauten

Gegenüber den Unterführungen haben sie den Nachteil, dass sie die Übersicht über die Bahnanlagen und für die Lokführer die Sichtbarkeit der Signale einschränken. Für den Eisenbahnfreund allerdings bieten sich auf so einer Brücke interessante Perspektiven. Beispiele in Deutschland sind etwa Ulm oder Freiburg.

Auf dem Bahnhof von Tscheljabinsk in Russland erreichen die Passagiere ihren Bahnsteig mittels eines überdachten Fußgängerstegs über die Gleise. Bild: Stoyanov/Fotolia.de

Der Bahnsteig ist meistens deutlich voller als auf diesem Bild. Die Leere öffnet den Blick auf die Markierungen am Boden. Bild: lucawahid/Fotolia.de

14

Auf dem Bahnsteig

Sicherheit bei hohem Passagieraufkommen

Wer kennt es nicht? Das Gedrängel am morgendlichen Bahnsteig, wenn der Zug sowieso zu spät einfährt und dann jeder zu den Eingangstüren drängt – Alltag auf vielen Bahnsteigen der Welt. Doch was gibt es überhaupt für Bahnsteige? Da ist zuerst der Hausbahnsteig, den jeder Bahnhof besitzt. Das ist der Bahnsteig direkt am Empfangsgebäude. Bei Kopfbahnhöfen ist das anders, da gibt es den Querbahnsteig hinter den Gleisenden. Durchgangsbahnhöfe mit mehr als einem Gleis besitzen einen Außenbahnsteig auf der hinteren Seite der Gleise. Dazwischen befinden sich mehrere Inselbahnsteige, die zum Beispiel Gleis 2 und 3 oder 4 und 5 bedienen. Bei der U-Bahn findet man manchmal den Zwillingsbahnsteig, auch als »Spanische Lösung« bekannt. Das Prinzip ist, dass die Aussteigenden eine Seite nutzen während die Einsteiger auf der anderen Seite der Wagen hereinströmen. Das erspart das Warten, bis alle ausgestiegen sind und kann die Haltezeit verkürzen. Vor allem auch kommt es zu keinen Zwischen- und Unfällen. Der Zu- und der Ausgang haben unterschiedliche Laufwege. Heute, wo keiner mehr warten will, bis alle Aussteiger das Fahrzeug verlassen haben, sicher eine noch wichtigere Lösung.

Die Bahnsteigkante, von der aus man in einen Zug einsteigen kann, ist die Verkehrskante. Anfangs gab es niedrige Bahnsteigkanten, die sich entweder in Höhe der Schienenoberkante oder ein wenig darüber erhoben. Dadurch konnte ein Überschreiten der Gleise möglich sein, ohne dass man Treppen oder Rampen errichten musste. Solche Bahnsteige kann man bei Kleinbahnhöfen noch hie und da sehen. Das war aber bei zunehmendem Verkehr in großen Bahnhöfen nicht mehr sicher. Deshalb wurden die hohen Bahnsteigkanten eingeführt, die Höhe der Bahnsteige richtete sich idealerweise nach der Höhe der Trittstufen der Wageneingänge.

Barrierefreies Einsteigen und mehr Sicherheit

Im Zuge der Modernisierung der Bahnhöfe wurden verschiedene Maßnahmen ergriffen, die Bequemlichkeit und Sicherheit der Perrons zu verbessern. Die Bahnsteigkanten wurden weiter erhöht, so dass bei modernem Rollmaterial ein niveaugleiches Ein- und Aussteigen möglich wurde. Neben der weißen Linie, die den Abstand angibt, die der Fahrgast bei ein- und durchfahrenden Zügen einhalten muss, gibt es breitere, gerillte Streifen. Dabei handelt es sich um Orientierungshilfen für Sehbehinderte, sogenannte Leitstreifen. An anderen Stellen, zum Beispiel vor Treppenauf-

Die beleuchtete Bahnsteigkante hat die Deutsche Bahn erstmals am Bahnhof Berlin Südkreuz im S-Bahn-Betrieb eingeführt. Bild: Deutsche Bahn AG - Hans-Christian Plambeck

Auf diesem Foto im Bahnhof der Außerfernbahn im österreichischen Ehrwald kann man sehr gut die weißen Striche und die Leitstreifen erkennen. Bild: Tiia Monto/C.C. 4.0

gängen, findet man runde Noppen. Sie bedeuten ein Aufmerksamkeitsfeld. Hier kann man die Gehrichtung ändern und wird darüber informiert, dass es eine Besonderheit wie Treppe oder Aufzug gibt.

An mehreren Orten wurden in den letzten Jahren in die Bahnsteigkante LED-Leuchten eingearbeitet. Sie sollen die Verkehrsströme besonders lenken. Vor allem bei S- und U-Bahnen kann so der Ein- und Ausstieg effizienter gemacht werden. Sie können mit unterschiedlichen Farben signalisieren, wo etwa eine Tür sein wird, ob ein Einstieg erlaubt ist oder nicht, wo der Zug weniger und mehr besetzt ist.

Ansagen und Sicherheitshinweise

Die Lautsprecherdurchsagen am Gleis dienen dazu, die Fahrgäste vor einfahrenden Zügen zu warnen oder einen möglichen Gleiswechsel und Verspätungen anzusagen. Auch Sicherheitshinweise wie, dass man eine Maske tragen muss oder sein Gepäck nicht unbeaufsichtigt stehen lassen soll, werden mit freundlicher Stimme durchgesagt. Daneben kann man auf den Anzeigetafeln Infos zur geplanten Abfahrtszeit oder die Reihung der Klassen erhalten. Nicht nur Sicherheit, sondern auch Hygiene soll ein Grundprinzip auf dem Bahnsteig sein. Deshalb wurden Abfallbehälter und spezielle Raucherzonen eingeführt.

Der Bahnhofsvorplatz

Umstiegspunkt und Aufenthalt

15

Der Platz vor dem Bahnhof ist immer einer der belebtesten Aufenthaltsbereiche einer Stadt. In vielen Städten wurde er aber immer auch zum Ort, wo sich Bevölkerungsgruppen treffen, die viele sich dort nicht wünschen. Die Kriminalität vor Bahnhöfen wurde zum heißen Thema. Sicherheitsorgane und Stadtplaner sollen diese Probleme entschärfen.

Besonders wichtig für Reisende ist es, dass der Bahnhofsvorplatz Möglichkeiten bietet, mit schwerem Gepäck schnell aus dem Auto, Taxi oder öffentlichen Verkehrsmittel zum Zug zu gelangen. Fahrradfahrer oder Pendler wollen geeignete Parkmöglichkeiten. So werden immer mehr einst parkähnlich angelegte Vorplätze zu zweckmäßigen Räumen, in denen der Verkehr dominiert. Entscheidend ist die kurze Verweildauer eines Passagiers auf dem Bahnhofsvorplatz. Vielerorts ist das noch eine große Herausforderung.

Vor dem Weimarer Bahnhof bieten sich Taxis und Bushaltestellen als Transportmittel zur Weiterreise an. Bild: Martina Berg/Fotolia.de

Der Bahnhofsvorplatz ist das Eingangstor in die Stadt. Deshalb findet man dort oft aufwendig gestaltete Gebäudefronten, Umsteigeplätze oder Telefone. Bild: Bernd Kröger/Fotolia.de

Die Zukunftsbahnhöfe

16

Ein besonderes Projekt der Deutschen Bahn

Die DB AG hat erkannt, *»dass attraktive Bahnhöfe bei der Verkehrswende hin zu nachhaltiger Mobilität auf der Schiene eine Schlüsselrolle spielen«*. Deshalb wurde 2019 das Projekt »Zukunftsbahnhof« aus der Taufe gehoben. Bei 16 ausgewählten Bahnhöfen werden neue Ideen und Konzepte ausprobiert, die den Fahrgästen das Erlebnis Bahnfahren attraktiver machen sollen. Diese Bahnhöfe sind unterschiedlich groß und über ganz Deutschland verteilt.

Ein Maßnahmenbündel für die Zukunft

Flankiert werden diese Maßnahmen durch Interviews, Analysen und Beobachtungen, um klarer zu sehen, was die Nutzer, Anwohner oder Verantwortlichen wünschen. Dabei will die DB herausfinden, was dem Fahrgast oder Bahnhofsbesucher das Leben erleichtert und den Aufenthalt am Bahnhof qualitativ verbessert. An einigen Zukunftsbahnhöfen finden

Offenbach Marktplatz ist einer der sechzehn deutschen Zukunftsbahnhöfe. Er ist ein unterirdischer S-Bahnhof im Zentrum der Stadt. Bild: Deutsche Bahn AG/Andreas Varnhorn

Der Zukunftsbahnhof Coburg wurde 2022 zum Bahnhof des Jahres gekürt. Die Mischung aus historischer Bausubstanz und moderner Renovierung überzeugt. Bild: DB AG/ Volker Emersleben

Kreativ-Workshops statt, an anderen werden lokale Hochschulen eingebunden. Gleichzeitig gibt es einen Austausch über digitale Kanäle. Bahnhöfe sollen immer mehr von tristen Umsteigeplätzen zu angenehmen und belebten Aufenthaltsräumen werden. Dabei werden Geschäftsleute einbezogen, mit denen die Konsumbedürfnisse der Bahnhofsbesucher befriedigt werden sollen.

Besonderen Fokus legen die Projektplaner auf die Themen Anschlussmobilität, Einkaufsmöglichkeiten, Kurzzeitarbeitsplätze, Services und Maßnahmen, die die Arbeitsabläufe im Bahnhof verbessern. Als entscheidend gilt auch das Thema Orientierung und Information. Die Bahn hat selbst gemerkt, dass sich da bei den Reisenden oft großer Unmut aufstaut und versucht sich zu bessern.

Ziel des Programms ist es, positiv erlebte Neuerungen auch bei den anderen Bahnhöfen einzuführen. Man kann dem Zukunftsbahnhof nur viel Erfolg wünschen.

Zukunftsbahnhöfe
Ahrensburg
Berlin Bornholmer Straße
Berlin Südkreuz
Coburg
Cottbus Hbf
Freising
Halle (Saale) Hbf
Haltern am See
Hamburg Sternschanze
Heilbronn Hbf
Hofheim (Taunus)
Münster (Westf) Hbf
Offenbach Marktplatz
Renningen
Wernigerode Hbf
Wolfsburg Hbf

Impressionen vom nächtlichen Gleisvorfeld des Hauptbahnhofs Bern. Bild: Simon Ebel/Fotolia.de

17

Bahnhofsgleise

Ein Weichenparadies

Für viele Modelleisenbahner ist der Bahnhof der interessanteste Abschnitt der Strecke. Kein Wunder, denn das Gewimmel von Gleisen und Weichen, die einen Übergang auf andere Gleise ermöglichen stellen hohe Ansprüche an seine Planungskompetenz. Im wahren Leben ist das nicht anders. Die Gleise werden aufgefächert, um die verschiedenen Bahnsteige anfahren zu können. Zusammen mit den vielen Fahrdrähten und ihren Masten sowie vielen Signalen ergibt sich ein für den Laien verwirrendes Bild.

Stuttgart 21

Diese Bahnanlage nimmt sehr viel Platz in Anspruch – und das meist mitten in der Stadt. Überlegungen, diesen Boden anderweitig zu nutzen, waren einer der Gründe, das Projekt Stuttgart 21 anzustoßen. Die Gleise sollen unter die Erde gelegt werden, wodurch rund 100 Hektar Fläche zur Bebauung und Begrünung gewonnen werden kann. Tausende neuer Wohnungen in attraktiver Lage sollen entstehen. Für eine im Kessel liegende Stadt wie Stuttgart ist das ein Riesengewinn.

Die Bogenradien der Weichen sind heute für die gewünschten Geschwindigkeiten meist zu eng. Aus diesem Grund wir das Gleisfeld an einigen Bahnhöfen umgebaut und die Radien werden größer. Dadurch können die Züge schneller in den Bahnhof einfahren und es wird wertvolle Zeit gespart.

Besonders wichtig ist es, die korrekte Funktion der Weichen sicherzustellen. Dazu wurde der Großteil der Weichen mit einer Weichenheizung ausgestattet, die ein Festfrieren im Winter verhindert.

Die Weichen werden in den Stellwerken gestellt. Darüber mehr im nächsten Kapitel.

Der Bahnhof der tschechischen Stadt Olmütz (Olomouc). Bild: Dusan Gavenda

Blick vom Gaskessel hinüber zur doppelten Gleisharfe des Augsburger Hauptbahnhofs. Im Vordergrund ein Zug der Bayerischen Regiobahn (BRB). Bild: Michael Dörflinger

Bf Bad-Reichenha

(Br)

Stw 1 Einheit (1930)
33 (+19) Hebel
18 (+2) Blockfelder
8 Schubstangen breit
20 teil. Blockuntersatz

Befst Einheit
6 (+0) Block,
14 teil Blocku
12 (+2) Befehl.

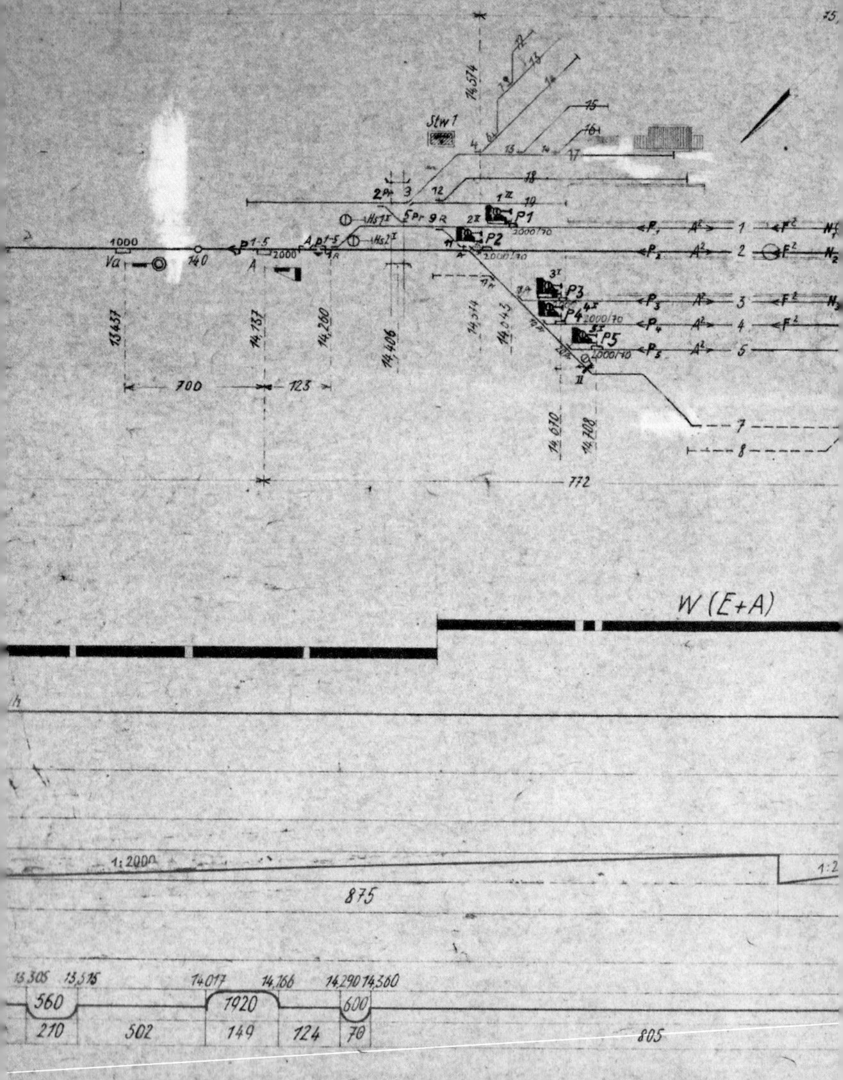

heit (1950)
bel
ckfelder
tangen br.
untersatz

Gleis	Bahnsteiglänge	Nutzlänge →	Nutzlänge ←
1	227	370	300
2	233	340	330
3	233	270	280
4	—	190	210
5	—	130	130

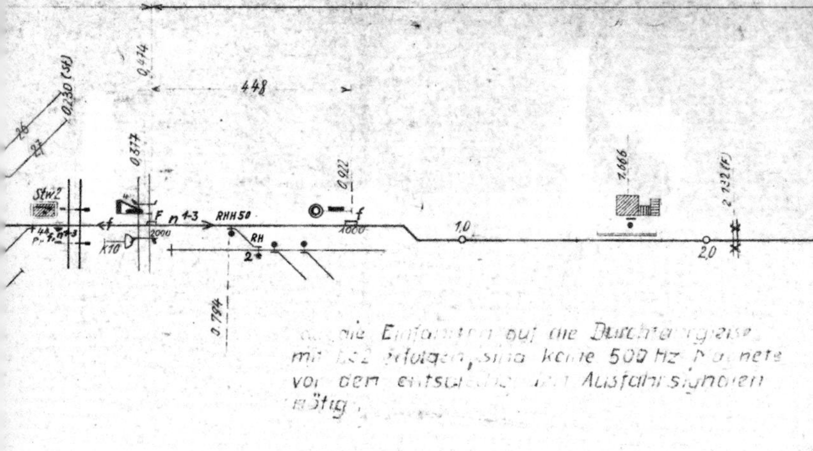

Gleis- und Signalplan des Bahnhofs Bad Reichenhall (Stand: 1949). Bild: Sammlung Michael Dörflinger

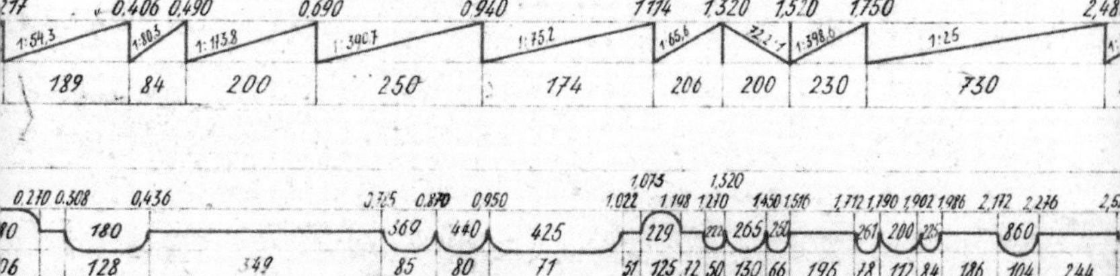

Stellwerke

18

Für einen reibungslosen Verkehr

In der Frühzeit der Eisenbahn mussten Weichen von Weichenwärtern, die sich in Weichenwärterbuden aufhielten, per Hand verstellt werden. Bald kamen aber sogenannte Stellwerke auf. Von diesen Anlagen aus können Fahrdienstleiter über Hebel und Drahtzüge die Weichen und Signale einstellen. Allerdings ist dies bei Weichen nur bis zu einer Entfernung von 800 Metern und bei Signalen bis zu 1.800 Metern möglich. Dies bedeutet, dass größere Bahnhöfe mehrere dieser Stellwerke benötigten.

Das erste Zentralstellwerk

1957 war ein besonderes Datum. Es war nicht nur das Jahr, in dem die TEE-Züge zum ersten Mal verkehrten, sondern auch eine Zeit, in der die Automatisierung des Bahnbetriebs einen großen Schritt nach vorne machte. In Frankfurt am Main wurde zu diesem Zweck das erste Zentral-

Das Zentralstellwerk München ist nicht gerade eine Schönheit, aber es hat seit 1964 die fast 300 Weichen und 450 Signale des Hauptbahnhofs im Blick. Bild: Peter von Bechen/Pixelio.de

tellwerk in Betrieb genommen. Das Stellen von Weichen und Signalen konnte für den Großraum Frankfurt nun von einem Ort aus vorgenommen werden. Eine dem Zug vorauseilende Zielkennungs-, Gattungskennzeichen- und Zugnummernfernmeldung sorgte für eine erhöhte Sicherheit. Mit dem ersten elektronischen Stellwerk 1978 in Göteborg erfolgte ein weiterer Schritt.

Elektronische Stellwerke

In den 1980er-Jahren hielten die Computer in den unterschiedlichsten Teilen des Wirtschaftslebens Einzug. Sie tauchten auch zunehmend in den verschiedenen Bereichen des Bahnbetriebs auf. Am 13. Dezember 1985 ging in dem bayerischen Markt Murnau das von Siemens entwickelte erste elektronische Stellwerk (ESTW) der Deutschen Bundesbahn in Betrieb. Zwei Jahre zuvor hatte Siemens bereits die Gelegenheit gehabt, ein ESTW in Südafrika zu installieren. Für die Bundesbahn war das Datum von symbolischer Bedeutung, da 150 Jahre vorher die Geschichte der Eisenbahn in Deutschland begonnen hatte. Nach einer Erprobungsphase begann der eigentliche Regelbetrieb am 29. November 1988. Bei ESTW können die Signale und Weichen mit Hilfe der Computertechnik per Tastatur oder Mausklick gestellt werden. Im Vergleich zu den anderen Stellwerken ist es bei dieser Technologie möglich, größere regionale Bereiche zu steuern und zu überwachen, was eine erhebliche Rationalisierung mit sich bringt. Ein weiterer Vorteil ist der geringere Raumbedarf, die Darstellbarkeit von abgesicherten Fahrstraßenschaltungen und die einfache Möglichkeit der Störungsbeseitigung.

Oben: Ein altes Stellwerk. Bild: Petra Bork/Pixelio.de

Unten: Der Computer im Stellwerk. Bild: Karl-Heinz Laube/Pixelio.de

Die Dampflok am Bahnhof

Wasser, Kohle und Sand nachfassen

19

Auch die größte Dampflok in den Vereinigten Staaten von Amerika hatte nicht unbeschränkt Betriebsstoffe an Bord. Um sich während einer Fahrt wieder aufzufüllen, boten sich die Bahnhöfe an, denn hier war sowieso ein teils längerer Aufenthalt vorgesehen. Das Speisewasser wurde in sogenannten Wasserstationen bereitgehalten.

Das Wasser wurde aus Quellen, Bächen, Flüssen, Seen und Teichen entnommen oder über einen Brunnen aus dem Grundwasser gefördert. Auf unseren beiden Bildern sieht man die beiden wichtigsten Betankungsgeräte. Unten der Wasserkran, der das frische Nass aus einem Bodenbehälter in den Wassertank der Lok füllt, auf der gegenüberliegenden Seite einer der für den amerikanischen Westen typischen Wasserhochbehälter aus Holz. An den Betriebswerken, wo größere Mengen benötigt wurden, hatte man Wassertürme aus Stein errichtet. Dem Wasser mussten in vielen Regionen

Auf der Brockenbahn kann man am Halt Drei Annen Hohne zusehen, wie die Lok mit frischem Wasser betankt wird. Bild: Didi01/Pixelio.de

Zwischen Colorado und New Mexico verkehrt die Cumbres & Toltec Scenic Railroad. Solche großen Wassertürme sieht man in der Regel nicht mehr. Bild: PHB.cz/Fotolia.de

Mitteleuropas Soda (Na_2CO_3) oder NaOH und Kalkmilch $Ca(OH)_2$ oder andere Chemikalien zugefügt werden, um dem lästigen Kesselstein vorzubeugen. Das Brunnenwasser wurde oft auch für die Trinkwasserversorgung am Bahnhof genutzt. In der kalten Jahreszeit mussten Maßnahmen ergriffen werden, um das Einfrieren des Wassers zu verhindern.

Da die Betankung eine gewisse Zeit dauerte, konnten manchmal auch das Entschlacken der Aschenkasten und das Nachfassen von Kohlen gleichzeitig erledigt werden. Die weiteren Wartungsarbeiten wurden in der Regel in den Betriebswerken erledigt, worüber in Kapitel 24 nachzulesen ist. Die meisten dieser Bahnanlagen sind heute verschwunden.

Wussten Sie schon?

Der britische Ingenieur John Ramsbottom erfand 1859 eine Wassertroganlage, das waren zwischen den Schienen angebrachte, mehrere hundert Meter lange Blechtröge. Mit ihr war es möglich, Wasser während des Fahrens aufzunehmen. In England ging die erste Anlage ein Jahr später in Betrieb, später gab es diese Technik auch in den Oststaaten der USA. Im Rest von Europa spielte diese Anordnung keine Rolle.

Die Güterabfertigung

Warenlieferung per Zug

20

Die erste Eisenbahn der Welt war vor allem zum Transport von Gütern vorgesehen, insbesondere von Kohle, die an die Küste geschafft wurde. In Bayern hatte es ein halbes Jahr gedauert, ehe nach der Jungfernfahrt des »Adlers« ein erster Gütertransport unternommen wurde. Es handelte sich um zwei Bierfässer. Damals waren Frachtschiffe und Kutschen die einzigen Transportmittel. Mit dem Ausbau der Eisenbahn war es jetzt in einem nie erreichten Maß möglich, Stückgüter, Nahrungsmittel oder Maschinen und Tiere in die ans Schienennetz angeschlossenen Orte zu transportieren. Das war einer der wichtigsten Gründe für die große Bedeutung, die dem neuen Transportmittel im Hinblick auf die Industrialisierung und wachsenden Wohlstand zukam.

In den kleinen Städten und Gemeinden wurden die Güter meist in gemischten Zügen herangeschafft. Die Passagiere hatten vorn zu warten, bis am Zugende die zu liefernden Gegenstände ausgeladen waren und in dem Güterboden untergebracht waren. Oder die Ladung wurde direkt am Bahnhof abgeholt und mit Fuhrwerken weiterbefördert. In größeren Städten wurden Ladeareale eingerichtet.

Mit dem Ansteigen des Lkw-Verkehrs geriet der Bahntransport immer stärker in den Hintergrund. Mit der Klimakrise setzte hier zum Glück ein Umdenken ein.

Auf dem Bahnhof Kühlungsborn West sieht man auf der rechten Seite die Güterabfertigung, in der heute das Molli-Museum untergebracht ist.

Bild: Jochen Schaft

Am Transport zum Zug und beim Entladen waren vor allem bahnfremde Tätige beteiligt. Beim Versand von Eilgut, Tieren und Leichen wurde auf besonders schnellen Transport geachtet.

Die Freiladegleise

Die Beladung der Wagen geschieht auf Freiladegleisen etwas abseits des Bahnhofs. Zu ihnen haben Fahrzeuge Zugang, wodurch der Ladevorgang möglichst vereinfacht wird. Bei größeren Anlagen findet man Laderampen oder kleine Kräne als Hilfsmittel vor. In großen Städten, wo naturgemäß der Waren- und Güterverkehr eine deutlich größere Rolle spielt, existieren eigene Güterbahnhöfe, von denen im nächsten Kapitel die Rede sein wird.

Güter- und Rangierbahnhöfe

Riesige Umschlagplätze auf freiem Feld

21

In größeren Städten findet der Umschlag der Güter zwischen Bahn und Straßenverkehr oder Schifffahrt in eigens eingerichteten Güterbahnhöfen statt. Dort gibt es die nötige Ausstattung, zum Beispiel Kräne oder Lagerflächen. Doch bis es so weit ist, dass die Wagen entladen werden können, haben sie einen weiten Weg hinter sich. Es ist ja in den seltensten Fällen so, dass alle Güter vom gleichen Absender stammen und zum selben Ziel gefahren werden.

Umgruppierung und Zugbildung

Die Wagen müssen auf den Rangierbahnhöfen »umsteigen«. Sie wechseln von einem Zug zu einem anderen, der in die adressierte Richtung fährt. Die Güterzüge werden hier aufgelöst und neu gebildet. Der Rangierbahnhof, auch Verschiebebahnhof genannt, besitzt dazu Rangierloks, die diese Zugbildung unternehmen. Früher war es nicht selten, dass

Bailey Yard in der Mitte der Vereinigten Staaten ist der größte Rangierbahnhof der Welt. Er verfügt auch über ein Bahnbetriebswerk Bild: Jay Coross/C.C. 2.0

in Güterwagen bis zu achtmal den Zug vechselte. Heute passiert das bis zu fünfnal. Lkw-Konkurrenz und Rationalisieungsdruck haben dafür gesorgt, dass es n zur Jahrtausendwende in Deutschland bloß noch 18 Rangierbahnhöfe gab, zwanig Jahre später waren es nur noch zehn.

Superlative

Der größte Rangierbahnhof der Welt liegt in der Nähe von North Platte im US-Bundesstaat Nebraska. Er iegt auf einer Fläche von rund 11,5 Quadratkilometern mit einer Länge von 13 auf 3,2 Kilometern. Er heißt Bailey Yard und ist nach dem ehemaligen Präsidenten der Union Pacific E. H. Bailey benannt. Die Union Pacific Railroad ist auch die Betreiberin dieser spektakulären Anlage, die so viele Besucher anlockt, dass für sie sogar ein eigener Aussichtsturm errichtet wurde. Die UP ist heute eine der beiden größten Gütertransportgesellschaften der USA und deckt das große Gebiet zwischen Pazifik und den alten Oststaaten zwischen New Orleans und Chicago ab.

Bailey Yard besitzt Gleise in einer Gesamtlänge von 507 Kilometern mit 985 Weichen. Zu den besten Zeiten waren bis zu 2.600 Menschen dort beschäftigt.

Der größte Rangierbahnhof Österreichs ist der Zentralverschiebebahnhof Wien-Kledering, in der Schweiz hält diesen Rekord der Rangierbahnhof Limmattal bei Zürich (Kapitel 23). Und der größte in Deutschland? Wie heißt es so schön: Bitte umblättern ...

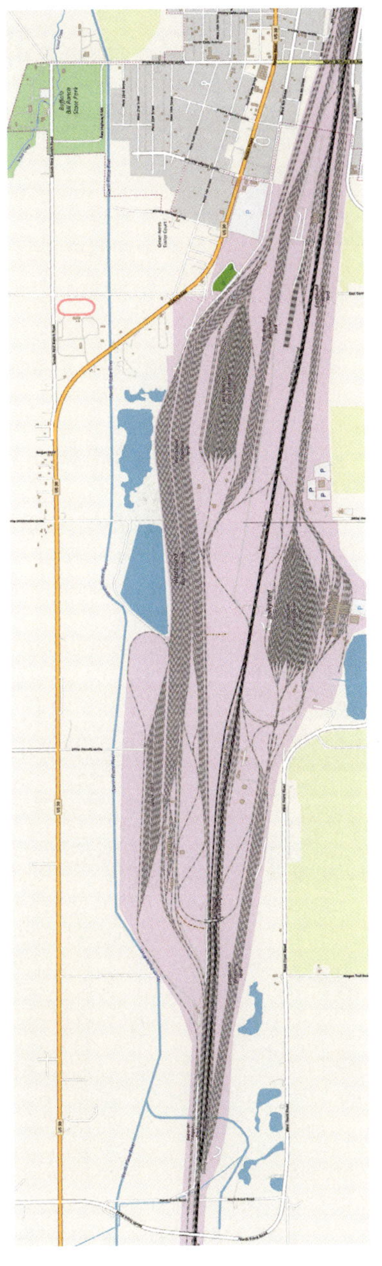

Die Karte zeigt die Gleisanordnung von Bailey Yard. Bild: Open Street Map

Der Rangierbahnhof Maschen

... gleich bei der Autobahn

22

Maschen: Für viele ist dieser Ort ein A-ha-Erlebnis. War d
nicht mal? – Ja, es war die deutsche Country-Band Truck Stop
in deren Hitsingle es 1979 hieß:

»Der wilde, wilde Westen
Fängt gleich hinter Hamburg an
In einem Studio in Maschen
Gleich bei der Autobahn.«

Die Nummer Zwei der Welt

Südlich von Hamburg liegt das kleine Dorf, das nicht nur ein Ton studio beheimatet, sondern hier treffen auch die Autobahnen 1, 7 und 39 aufeinander und bilden ein großes Kreuz. Doch am bedeutsamsten is sicher eine Anlage, die im Nordosten des Ortes liegt. Es handelt sich näm-

Der Rangierbahnhof von Maschen hat eine Länge von sieben Kilometern und eine Breite von 700 Metern. Bild: Thorsten Schier/Fotolia.de

Bei Nacht betrachtet bietet Maschen ein unvergessliches Erlebnis für jeden Eisenbahnfan. Über 8.000 Güterwagen könnten hier täglich verschoben werden. Bild: Thorsten Schier/Fotolia.de

lich um den zweitgrößten Rangierbahnhof der Welt. Seine Fläche beträgt 280 Hektar, das entspricht rund 300 Fußballfeldern. Nur noch einer in der Welt ist größer: der Rangierbahnhof Bailey Yard, der an der Transkontinentalstrecke von San Francisco nach Chicago liegt – über ihn wusste das vorherige Kapitel zu berichten.

Der Rangierbahnhof Maschen wurde ab 1970 gebaut, um mehrere alte Anlagen in Hamburg zu ersetzen. Der größte deutsche Hafen in Hamburg und andere deutsche Häfen benötigen Maschen für die Abwicklung des Hafenhinterlandverkehrs. Außerdem ist er das Drehkreuz für den Güterverkehr mit Skandinavien.

Eröffnung vor 45 Jahren

Am 7. Juli 1977 wurde der Rbf Maschen eröffnet. Bis zu hundert Güterzüge werden jeden Werktag in Maschen behandelt. Die tägliche maximale Rangierleistung liegt derzeit bei rund 4.000 Wagen, was aber nicht an der Kapazität sondern am Aufkommen liegt. 1985 war es noch mehr als doppelt so hoch. 2014 wurde der Rangierbahnhof aufwendig renoviert. Der zweitgrößte Rangierbahnhof Deutschlands ist mit 83 Richtungsgleisen nur um fünf Richtungsgleise kleiner. Es ist der Rangierbahnhof Mannheim.

23 Rangierbahnhof Limmattal

Der größte Schweizer Rangierbahnhof

Ein Jahr nach Maschen war der neue Rangierbahnhof Limmattal zwischen Spreitenbach im Kanton Aargau und Dietikon im Kanton Zürich fertig gestellt. Siemens Mobility soll ihn bis 2026 technisch auf den neuesten Stand bringen.

Luftbild um 1990. Bild: ETH-Bibliothek Zürich, Bildarchiv/Comet Photo AG (Zürich)

Wartung einer Klimaanlage am ICE 4 Baureihe 412 im Werk des DB Fernverkehr in Berlin-Rummelsburg. Bild: Deutsche Bahn AG/Hartmut-Joachim Sigrist

24 Putz- und Flickstunde

Betriebs- und Ausbesserungswerke

Meist nicht weit von einem großen Bahnhof befinden siech die Bahnbetriebs- und Ausbesserungswerke der Bahnunternehmen. Hier werden die Lokomotiven regelmäßigen Inspektionen unterzogen und in einen voll betriebsfähigen Zustand versetzt. In einem Bahnbetriebswerk (Bw) werden kleinere Aufgaben erledigt. Dazu gehören das Nachtanken, früher auch das Auffüllen der Kohlevorräte und des Sandes für die Bremsen. Wenn es sich allerdings um größere Reparaturarbeiten handelt, dann rollt die Lok in einem Ausbesserungswerk (Aw) ein.

In Deutschland gibt es diese Aw mit den Aufgaben

Hauptwerkstatt Berlin-Schöneweide (S-Bahn Berlin), Aw Bremen (Dieselloks und -motoren), Aw Cottbus (Dieselloks), Aw Dessau und Außenstelle Chemnitz (Elektroloks), Aw Fulda (Bremsen), Bw Hamburg-Ohlsdorf (S-Bahn Hamburg), Aw Kassel (Dieseltriebwagen), Aw Krefeld-Oppum (Elektrotriebwagen), Dampflokwerk Meiningen (Dampfloks, historische Wagen), Aw Nürnberg (Elektrotriebwagen), Aw Neumünster

(Reisezugwagen), Aw Paderborn-Nord (Güterwagen), Weichenwerk Witten (Weichen), Aw Wittenberge (Reisezugwagen, Radsatzwerk), Signalwerk Wuppertal (Leit- und Sicherungstechnik). Viele alte Werke wurden aufgegeben.

Die Deutsche Bahn hat für ihre ICE-Flotte eigene Ausbesserungswerke eingerichtet. Folgende Standorte gibt es derzeit oder sind in Planung (Stand 2022): Basel, Berlin, Cottbus (Fertigstellung bis 2026), Dortmund-Hafen (Neubau, dieses Jahr begonnen), Dortmund-Spähenfelde, Frankfurt am Main, Hamburg-Eidelstedt, Hannover, Köln-Nippes, Leipzig, München, Nürnberg (Ausbesserungswerk und Neubau ICE-Werk bis 2028).

Ein Lokschuppen auf einem Bahnbetriebswerk. Bild: zvirgzds/Fotolia.de

Die alten Betriebswerke waren mit einer Lokdrehscheibe ausgestattet, mit der die Loks auf das gewünschte Abstellgleis gebracht werden. Bild: Cornelia Wohlrab/Fotolia.de

Der älteste deutsche Bahnhof

25 Augsburger Eisenbahndenkmäler

Nach der Ludwigseisenbahn Nürnberg–Fürth von 1835 war die 1837 gegründete München–Augsburger Eisenbahn-Gesellschaft das zweite bayerische Unternehmen dieser Art. Während man in München auf dem Marsfeld einen provisorischen Bahnhof aus Holz zimmerte, engagierte man in Augsburg den in der Oberpfalz geborenen und in Augsburg ansässigen Architekten Johann Georg Gollwitzer (1810–1890), um einen Bahnhof zu errichten. Am 4. Oktober 1840 wurde der erste, vor dem Roten Tor gelegene, Augsburger Bahnhof mit Böllerschüssen, Blasmusik und Chorgesang unter dem Beifall der zahlreichen Zuschauer in Betrieb genommen. Angelegt war er als Kopfbahnhof, als Endbahnhof der neuen Strecke München–Augsburg.

Eine Verbindung zur Nord-Süd-Bahn

Allerdings erfüllte das Gebäude nicht lange diese Bestimmung, denn schon 1845 ersetzte es ein neuer Bahnhof am Rosenauberg, der als Durchgangsbahnhof einige Vorteile aufwies, die der Vorgänger als Kopfbahnhof nicht hatte, denn mittlerweile war Augsburg durch den Ausbau

Der ehemalige Augsburger Bahnhof liegt etwas versteckt in der Nähe der Stadtmauer. Nur wenige kennen seine Bedeutung in der Eisenbahngeschichte. Bild: Michael Dörflinger

Der Augsburger Hauptbahnhof wird seit einigen Jahren umfassend umgebaut. Dieses Bild entstand am Beginn der Baumaßnahmen. Bild: Hannelore Dörflinger

der Ludwig-Süd-Nord-Bahn auch aus nördlicher und südlicher Richtung mit der Eisenbahn erreichbar. Der erste Bahnhof wurde für andere Zwecke verwendet, unter anderem als Militärreitschule. Aber 1920 kaufte die Stadt Augsburg das alte Bahnhofsgebäude und integrierte es in einen neuen Straßenbahnbetriebshof.

Der Hauptbahnhof von 1845

Das älteste Empfangsgebäude einer deutschen Großstadt, das noch im Betrieb ist, wurde bereits 1845 eingeweiht, aber 1869 umgebaut und im Stil der Neurenaissance ausgestaltet. Damals war das Gebäude noch ohne Verputz. Der kam erst in den 1930er-Jahren drauf – und wertete das Gebäude optisch auf. Seit inzwischen zehn Jahren sind nun die Bagger auf dem Bahnhofsvorplatz aufgefahren. Das Areal wird zur »Mobilitätsdrehscheibe« umgebaut. Unter dem Bahnhof wird ein neu gegrabener Tunnel einen Direktumstieg in die Straßenbahn ermöglichen. Die historische Bausubstanz des Empfangsgebäudes wurde aufwendig gesichert und bleibt unangetastet.

So hat Augsburg gleich zwei eisenbahngeschichtlich herausragende Baudenkmäler aufzubieten. Und alle sind schon darauf gespannt, das Ergebnis einer Dauerbaustelle – typisch deutsch, man weiß nicht wann – zu sehen.

Der älteste Grenzbahnhof

Erste deutsche Auslandsverbindung

26

Das Gebiet um die beiden Städte Eupen und Malmedy westlich von Aachen ist eine Region, die dadurch bekannt wurde, dass Deutschland sie 1919 im Versailler Vertrag an Belgien abtreten musste. Bis dahin war die Gegend Teil des deutschen Bundesstaates Preußen. Bereits 1838 wurde hier an einer Eisenbahnstrecke von Aachen nach Verviers und Lüttich gebaut, die 1843 eröffnet werden konnte. Damit war der Deutsche Bund an das Ausland angeschlossen. Erstmals hatte die Eisenbahn eine Landesgrenze überwunden. Der Grenz-

übertritt erfolgte zwischen Herbesthal auf preußischer und Welkenraedt auf belgischer Seite. In Herbesthal wurde der erste Grenzbahnhof der Welt aufgebaut, der Gebäude für die Grenzpolizei und den Zoll benötigte. Für die Eisenbahner wurde eine eigene Siedlung angelegt. In Welkenraedt wurde erst später ein Bahnhof errichtet. Bis dahin waren auch die belgischen Grenzer in Herbesthal tätig. Der Ort hatte durch den Grenzverkehr einen spürbaren Aufschwung erfahren und wurde bekannt. Viele Reisende mussten hier darauf warten, dass die Lokomotiven der beiden Bahngesellschaften ausgetauscht wurden. Um einen möglichst angenehmen Aufenthalt zu sichern, wurden Wartesäle und ein eigenes Fürstenzimmer für höher gestellte Persönlichkeiten eingerichtet. Durch die Nordseebäder und die Alpenregionen war der Grenzübergang auch touristisch von Bedeutung. Mit Ausbruch des Ersten Weltkriegs 1914 wurde Herbesthal zu einem bedeutenden Nachschubzentrum.

Nach dem Friedensvertrag von Versailles im Jahr 1919 hatte sich die Grenze näher an Aachen herangeschoben. Das jetzt belgische Herbesthal verlor an Bedeutung, 1966 wurde der Bahnhof sogar ganz geschlossen.

Herbesthal war der letzte deutsche Bahnhof vor der belgischen Grenze. Bild: Sammlung Michael Dörflinger

Auf dem Zugspitzplatt endet die Fahrt der Zahnradbahn. Bild: Bergfee/Fotolia.de

27 Auf dem Zugspitzplatt

Deutschlands höchster Bahnhof

Schon Ende des 19. Jahrhunderts gab es Überlegungen, eine Eisenbahn auf die Zugspitze zu bauen. Doch erst in der Weimarer Republik brachte die Bayerische Zugspitzbahn AG (BZB) die nötigen Mittel auf. 1928 begann man mit den Bauarbeiten an der 19 Kilometer langen Strecke, die durch 4,8 Kilometer Tunnel führt und einen Höhenunterschied von 1.883 Metern zu überwinden hat. 22 Millionen Reichsmark waren ausgegeben, als 1930 die ersten Züge zum Schneefernerhaus hinauf fuhren.

Schon die Strecke ist ein Höhepunkt

Die Strecke beginnt in der Talstation westlich des DB-Bahnhofs. An den Wintersportgebieten Hausberg, Riessersee und den Talstationen der Kreuzeck- und der Alpspitzbahn vorbei geht es nach Grainau und hinauf zum Eibsee. Grainau ist die alte Umstiegsstelle von der Tal- zur Bergbahn. Ab der Station Riffelriss geht es, vor Lawinen und Steinschlag durch einen langen Tunnel geschützt, in mehreren Kehren zum höchsten deutschen Bahnhof Zugspitzplatt.

Auch über 90 Jahre nach ihrer Jungfernfahrt ist die Zugspitzbahn immer noch eine herausragende technische Attraktion. In rund einer Stunde gelangt man von Garmisch auf Deutschlands höchsten Gipfel und bestaunt dabei eisenbahntechnische Wunder.

Der Bahnhof Zugspitzplatt liegt auf einer Meereshöhe von 2.588 Metern und ist damit der höchstgelegene Bahnhof Deutschlands. Der erste noch höhere Bergbahnhof Hotel Schneefernerhaus auf 2.650 Metern wurde 1988 durch den jetzigen ersetzt. Ursprünglich war sogar geplant worden, den Bergbahnhof direkt zum Gipfel der Zugspitze zu führen. Das wäre dann noch einmal rund 350 Meter höher gewesen.

Die Bayerische Zugspitzbahn ist eine Privatbahn. Bild: Michael Dörflinger

Links sieht man den Steuerwagen Nr. 21, der früher Triebwagen Nr. 6 war. Rechts wartet der Triebwagen Nr. 16 (Beh 6/6) auf Passagiere. Bild: Michael Dörflinger

Europas höchster Bahnhof

Auf dem Schweizer Jungfraujoch

28

Rund eine Million Menschen fahren jährlich mit der Jungfraubahn auf Europas höchstgelegene Eisenbahnstation, um von der Aussichtsplattform aus eine atemberaubende Aussicht zu genießen. Aber bereits die Bahnfahrt nach oben ist ein einzigartiges Erlebnis. Das in der Schweiz liegende Jungfraujoch ist der Verbindungsgrat zwischen Mönch und Jungfrau in den Berner Alpen. Als man 1896 mit dem Bau der Jungfraubahn begann, hatte man als Ziel noch den 4.158 Meter hohen Gipfel des Berges im Auge.

Die Arbeiten waren schwierig, da der Bau eines Tunnels nötig war. Mangelnde Finanzmittel führten dazu, dass man sich mit dem Jungfraujoch als Endstation begnügen musste. Als 1912 die Bahn in Betrieb genommen werden konnte, hatten die Bahnbauer jedoch eine enorme Leistung vollbracht. Über sieben Kilometer der 9,34 Kilometer langen Strecke liegen in einem Tunnel. Die Endstation liegt 3.454 Meter über dem Meeresspiegel.

Auf dem flacheren Teil der Strecke fuhren die Züge anfangs noch als Adhäsionsbahn. Zu Beginn der 1950er-Jahre erfolgte der Umstieg auf die

Der BDhe 4/8 muss auf dem Weg zum höchsten Bahnhof Europas einen 7.122 Meter langen Tunnel durchfahren. Bild: G. Schouten de Jel

Start auf der Kleinen Scheidegg. Von hier hat man einen grandiosen Blick auf die berüchtigte Eiger-Nordwand (hier im Rücken des Fotografen). Bild: Pasja1000

Zahnradtechnik für die gesamte Strecke. Mit der Inbetriebnahme der 2016 beschafften Personentriebwagen wurden die letzten Fahrzeuge der 1950er- und 1960er-Jahre ausgemustert.

Die Wengernalpbahn gehört der Jungfraubahn (JB). Sie ist die längste durchgehende Zahnradbahn der Welt. Mit ihr kommt man von Grindelwald und Wengen zur JB. Bild: Pasja1000

Der höchste Bahnhof der Welt

29

Dieser Rekord geht nach China

Die höchste Bahnstrecke der Welt ist auch ein Politikum, denn die Tibeter sehen diese Bahnstrecke, die den Osten Chinas mit Tibet verbindet, sehr kritisch. Abseits aller Diskussionen ist sie jedenfalls eine technische Meisterleistung. Bereits 1955 schickte Mao Zedong eine Expertengruppe auf das Hochland von Tibet, um die Machbarkeit einer solchen Strecke erkunden zu lassen. Doch die enormen Herausforderungen führten dazu, dass das Projekt verschoben wurde. Es sollte jedoch noch bis 1984 dauern, bis der reguläre Verkehr begann.

Eine noch größere Herausforderung stellte der Bau der Strecke von Golmud nach Lhasa dar. 2001 begannen die Arbeiten. Die auch als Lhasa-Bahn bekannte Quinghai-Tibet-Bahn konnte 2006 fertig gestellt werden. Unzählige Brücken mussten gebaut werden. Über 80 Prozent der 1.142 Kilometer langen Strecke verlaufen auf einer Höhe von mehr als 4.000 Metern über dem Meer. Der höchste Punkt ist der auf 5.072 Metern gelegene Tanggula-Pass an der Grenze zwischen Quinghai und Tibet. Dort befindet sich auch der höchstgelegene Bahnhof der Welt.

Der Bahnhof auf dem Tanggula-Pass. Bild: Hiroki Ogawa/C.C. 3.0

Peking Westbahnhof

30

Ein neuer Bahnhof mit viel Potenzial

Chinas rasantes Wirtschaftswachstum der letzten Jahrzehnte brachte erhöhte Anforderungen an die Infrastruktur mit sich. Dazu gehörten ein Ausbau des Schienennetzes und das Errichten neuer Bahnhöfe. 1996 entstand nach einer dreijährigen Bauzeit im Pekinger Stadtbezirk Fengtai der »Westbahnhof«, der auf Englisch »Beijing West Railway Station« heißt. Für die chinesische Bezeichnung fehlen dem Setzer leider die passenden Schriftzeichen ...

Ein gewaltiges Bauprojekt

Mit einer Fläche von 510.000 Quadratmetern war dieser Bahnhof bis 2010 der größte Bahnhof des asiatischen Kontinents. Im Durchschnitt suchen ihn täglich zwischen 150.000 und 180.000 Reisende auf. Einer der bekanntesten Züge, die hier abfahren, ist die Quinghai-Tibet-Bahn, die Peking mit der tibetanischen Hauptstadt verbindet (siehe Kapitel 29 auf der vorherigen Seite). Auch die Züge der Schnellfahrstrecke nach Hongkong starten im Westbahnhof.

Das Hauptgebäude des Pekinger Westbahnhofs mit seinen architektonischen Anklängen an die chinesische Baukunst der Kaiserzeit ist eindrucksvoll. Bild: Nyx Ning/C.C. 3.0

Der Bahnhof Peking

31

Der Bahnhof im Zentrum der Stadt

Der Zentralbahnhof oder Bahnhof Peking ist der kleinste der großen Bahnhöfe der chinesischen Hauptstadt. Anders als West- und Südbahnhof ist der Bahnhof Peking aber sehr zentral gelegen, sogar innerhalb der Stadtmauer, und er kann auf eine für chinesische Verhältnisse lange Geschichte zurückblicken. Der Bahnhof war eines von zehn öffentlichen Gebäuden, die 1959 zum zehnjährigen Bestehen der Volksrepublik China erbaut wurden.

Steigende Fahrgastzahlen

Die Architektur verband traditionelle chinesische Einflüsse mit sozialistischem Realismus. Ende der 1950er-Jahre benutzten jährlich sechs Millionen Menschen den Bahnhof. In den späten 1970er-Jahren war diese Zahl auf 15 Millionen angestiegen, und nach den Wirtschaftsreformen schnellte die jährliche Fahrgastzahl auf über 30 Millionen hoch. Der Bau der beiden anderen großen Bahnhöfe führte zu einer dringend benötigten Entlastung. Heute benutzen den Verkehrsknoten täglich zwischen 120.000 und 150.000 Fahrgäste.

Der Bahnhof Peking bei Nacht ist eine Attraktion. Bild: Torsten Weidemann/Pixelio.de

Der Bahnhof in Schanghai 32

Asiens flächengrößter Bahnhof

Nach den chinesischen Wirtschaftsreformen der 1980er-Jahre entwickelte sich die Metropole Schanghai zu einem der wichtigsten Industriezentren der Welt. Zu dem wirtschaftlichen Aufstieg trug der Umstand bei, dass Schanghai als wichtigster Eisenbahnknoten die nördlichen und südlichen Städte Chinas miteinander verbindet. Die Stadt besitzt heute vier große Bahnhöfe. Unter ihnen ragt der 2010 eröffnete Hongqiao heraus. Mit einer Gesamtfläche von 1,3 Millionen Quadratmetern gilt er als der größte Bahnhof Asiens. Das Hauptgebäude hat eine Länge von 420 Metern und eine Breite 200 Metern.

Der Bahnhof Schanghai Hongquiao ist für ein hohes Fahrgastaufkommen konzipiert. Dennoch geht es oft eng zu.

Bild: Mark Pegrum(C.C. 2.0

Der Bahnhof wird täglich von etwa 210.000 Reisenden benutzt und dient als Endstation mehrerer Hochgeschwindigkeitszüge. Dazu gehören die Strecke nach Nanjing, die für eine Höchstgeschwindigkeit von 350 km/h zugelassen ist und täglich von etwa 180.000 Personen benutzt wird, sowie die 1.302 Kilometer lange Hochgeschwindigkeitsstrecke nach Peking.

Der Bahnhof Hongqiao erstreckt sich über vier Ebenen. Im Untergrund befinden sich die Zugänge zur U-Bahn, Bushaltestellen, ein Taxistand sowie eine Passage zum internationalen Flughafen. Alle 30 Gleise, die durch den Bahnhof laufen, liegen auf der Ebene darüber. Die Hochgeschwindigkeitszüge müssen jedoch außerhalb des Gebäudes halten. Ein Stockwerk weiter oben liegt die Wartehalle.

Bahnhof Shinjuku in Tokio

33

Der betriebsamste Bahnhof der Welt

Mit täglich rund 3,6 Millionen Fahrgästen gilt der Bahnhof Shinjuku in der japanischen Hauptstadt Tokio als betriebsamster Bahnhof der Welt. Er kann über vier große und viele kleinere Ein- und Ausgänge betreten und verlassen werden, und die Züge können an 36 Bahnsteigen halten. Als der Bahnhof 1885 eröffnet wurde, befand er sich noch in einem ruhigen Vorort der rasch wachsenden Hauptstadt. Erst mit der Eingemeindung wurde Shinjuku 1920 Teil von Tokio. Mit der Eröffnung von immer mehr Eisenbahnstrecken, die Shinjuku als Haltestation nutzten, entwickelte sich der Bahnhof zum wichtigsten Verkehrsknoten im Westen der Metropole.

Der Bahnhof befand sich seit 1906 unter staatlicher Kontrolle. Mit der 1987 erfolgten Privatisierung der Staatsbahn kam er in den Besitz der neuen Eisenbahngesellschaft JR Higashi-Nihon, die für den Personenverkehr im Großraum Tokio und in der Region Tohoku zuständig ist. Die Gegend um den Bahnhof Shinjuku ist das bedeutendste Einkaufs- und Vergnügungsviertel der Hauptstadt. Wegen der Größe des Bahnhofs halten manche Züge zweimal, um für die Fahrgäste den Weg vom jeweiligen Eingang zum Zug zu verkürzen. Der Bahnhof dient heute elf Zuglinien von sechs Eisenbahngesellschaften als Haltestelle, was nicht nur zur Betriebsamkeit, sondern auch zur Verwirrung mancher Fahrgäste beiträgt.

In Japan steht der betriebsamste Bahnhof der Welt. Bild: Daniel Ramirez/C.C. 2.0

Victoria Terminus Mumbai 34

Sogar UNESCO-Weltkulturerbe

Wenn es einen Bahnhof gibt, der Shinjuku in Tokio den Rang als betriebsamster der Welt streitig machen kann, dann ist es der Chhatrapati Shivaji Maharaj Terminus, früher Victoria Terminus. Der Bahnhof liegt in der Millionenmetropole Mumbai, dem früheren Bombay. Er breitet sich auf einer Fläche von 2,85 Hektar aus und wird täglich von etwa drei Millionen Menschen und 1.000 Zügen frequentiert. An der Stelle des heutigen Gebäudes war bereits 1853 ein Bahnhof für die erste indische Eisenbahnlinie mit Personenverkehr errichtet worden. 1878 begannen die Bauarbeiten für ein neues Bauwerk, das bei seiner Fertigstellung 1888 als das größte und wichtigste Gebäude in Britisch-Indien galt. Der englische Architekt Frederick William Stevens hatte sich bei seinen Vorstudien von der Londoner St Pancras Station inspirieren lassen. Der Bahnhof wurde zur Erinnerung an das goldene Regierungsjubiläum Königin Victorias im Jahr 1887 »Victoria Terminus« benannt. Eine Erweiterung des Bahnhofs wurde in den 1920er-Jahren durchgeführt. 1996 erfolgte die Umbenennung zum Andenken an den im 17. Jahrhundert lebenden indischen Herrscher Chhatrapati Shivaji Maharaj.

Der Bahnhof in Mumbai mit seiner wunderschönen Fassade im Stil der viktorianischen Neugotik wurde 2004 zum UNESCO-Weltkulturerbe erklärt. Bild: D. Ott/Fotolia.de

U-Bahnhöfe als Kunstwerk

35

Palastarchitektur in St. Petersburg

St. Petersburg entstand aus dem Wunsch Zar Peters des Großen heraus, eine neue Hauptstadt an der Ostsee und somit den Zugang nach Europa zu bekommen. Für eine große Stadt war das sumpfige Mündungsgebiet der Newa eigentlich nicht geeignet. Diese Tatsache musste man auch beim Bau der U-Bahn immer wieder zur Kenntnis nehmen und hohe Mehrkosten verdauen. Die ersten Arbeiten waren schon kurz nach der Eröffnung der Moskauer Metro angegangen worden. Doch dann kam der Zweite Weltkrieg, bei dem die damals Leningrad genannte Stadt über zwei Jahre belagert wurde. An eine Metro dachte keiner mehr, wenn es um das nackte Überleben ging. So dauerte es noch bis 1955, dass die erste U-Bahn in der ehemaligen Zarenhauptstadt fahren konnte. Die Metrostationen wurden analog zum Moskauer Vorbild wie Paläste geschmückt und zeigten einen Glanz, den die Sowjetunion sonst nirgends ausstrahlen konnte.

Stetige Erweiterung des Netzes

Wegen des Bodens musste die Strecke sehr tief verlegt werden. Das kostete Zeit und Geld. Deshalb dauerte es, bis das Netz erweitert werden konnte. Doch die Verantwortlichen erwiesen sich als ausdauernd und so wurden bis heute fünf Linien mit einer Länge von 124,8 Kilometer errichtet. Es gibt 72 Stationen. Eine Besonderheit sind die »Stationen geschlossenen Typs«, die an die heutigen Bahnsteigtüren bei automatischen U-Bahnen erinnern: Türen verschließen den Zugang zum Bahnsteig und öffnen sich erst, wenn der Zug eingefahren ist.

Der Terroranschlag eines Selbstmordattentäters am 3. April 2017 in der St. Petersburger Metro forderte 16 Todesopfer.
Bild: Ремеш/C.C.0

Die Linie1 fährt die Station Nárvskaya aus dem Jahr 1955 an, die sich mit ihren Hammer-und-Sichel-Symbolen an der Wand sehr patriotisch gibt. Bilder: Tama66

Die Station Awtowo war 1955 Endpunkt der neuen Linie 1. Mit Kronleuchtern und Marmor geschmückt, erinnert die Metro von St. Petersburg stark an die Moskauer U-Bahn.

Wie in einem Schloss

36 Die Moskauer U-Bahnhöfe

Die letzte vor dem Zweiten Weltkrieg eröffnete U-Bahn der Welt verkehrt in der russischen Hauptstadt. Sie gilt als ein Höhepunkt, denn architektonisch ist sie sicher die schönste Untergrundbahn der Welt. Staunend wandelt der Besucher der Moskauer Metro durch die viel gerühmten »Paläste für das Volk« mit ihren barockisierenden Gängen und Wartehallen, die wie in einem Schloss oder Palais mit Marmor, Stuck, Mosaiken oder Kronleuchtern ausgestattet sind. Ein genauerer Blick zeigt, dass die Stationen unterschiedlichen Themen aus der Geschichte Russlands und der Sowjetunion gewidmet sind. Fast wie die Bildwelten in christlichen Kirchen dienen diese Gemälde und Mosaiken der Belehrung des Volkes, ja, sie sind nichts anderes als propagandistische Zeugnisse des Triumphs des Sozialismus. Den Touristen aus kapitalistischen Ländern ist dieser Hintergrund herzlich

In der Moskauer U-Bahn geht es oft eng zu. Im Jahr 2018 beförderte sie über 2,5 Milliarden Passagiere, in der Spitze fast zehn Millionen Menschen am Tag. Bild: Jerz/Pixelio.de

J-Bahnhof Kiewskaja der Metro Moskau. Die Mosaiken feiern die Freundschaft Russ-
ands zur Ukraine. Viel ist davon in der Realität nicht übrig geblieben. Bild: A.Savin/CC BY-SA 3.0

gleichgültig. Sie lieben die wunderschöne Station Komsomolskaja, die allerdings erst 1952 eröffnet wurde, oder die Kiewskaja (1954) und die helle Station Majakowskaja (1938), um nur einige zu nennen.

Bau und Erweiterung der Moskauer U-Bahn

Erste konkrete Planungen für eine Moskauer Metro gehen bis zum Anfang des 20. Jahrhunderts zurück. Das Thema kam immer wieder aufs Tapet. 1925 hatte Siemens einen fertigen Plan für ein Untergrundbahnnetz vorgestellt. Doch erst 1932 erfolgte der erste Spatenstich. Am 15. Mai 1935 wurde die erste Moskauer Linie zwischen den Stationen Sokolniki und Park Kultury eröffnet, die zusammen mit einem Abzweig zur Smolenskaja auf eine Länge von 11,2 Kilometer kam.

Im Laufe der Jahre wurde das Netz stetig erweitert. Derzeit besitzt es eine Länge von 408,1 Kilometern und ein Ende des Ausbaus ist noch nicht in Sicht. Hinzu kommt die 4,7 Kilometer lange Monorail Moskau, eine aufgeständerte Einschienenbahn, die 2004 eröffnet wurde. Die Taktzeiten der Moskauer Metro sind beeindruckend. Zu Stoßzeiten fährt alle eineinhalb Minuten ein Zug in die Station ein. Stationen gibt es übrigens 236, dazu kommen noch sechs von der Monorail.

Moskauer Bahnhöfe

Von der Hauptstadt in die Provinzen

37

An Bahnhöfen mangelt es in Moskau nicht. An einem einzige
Platz lassen sich gleich drei finden. Offiziell ist dieser seit 193
nach der sowjetischen Jugendorganisation Komsomol benannt
Aber im Volksmund gilt der Komsomolskaja-Platz als der »Plat
der drei Bahnhöfe« oder einfach »Drei Bahnhöfe«. Die älteste diese
Zugstationen ist der Leningrader Bahnhof, der bereits 1851 fertig ge
stellt wurde und damit als ältester Bahnhof Moskaus gilt. Er ist der End
punkt der Bahnlinie nach St. Petersburg, dem früheren Leningrad. Auc
Estland und Finnland können erreicht werden. Die zweite Zugstation is
der Kasaner Bahnhof, der zwar nach der Hauptstadt der Republik Tatarsta
benannt ist, von dem aus aber auch Verbindungen in den Ural, nach Zen
tralasien und Teilen Sibiriens bestehen.

Startbahnhof der Transsib

1862 wurde der Jaroslawler Bahnhof erbaut. Er dient als Endstatio
von Strecken aus dem Norden und Osten, zu denen auch die Transsibirische Eisenbahn zählt.

Der Weißrussische Bahnhof stammt aus dem Jahr 1870. Er trug schon viele Namen und ist die Verbindung in den Westen und nach Deutschland. Bild: Christopher Winkler

m Jaroslawler Bahnhof beginnt die Reise auf der längsten Eisenbahnstrecke der Welt vom Osten Europas bis an den Pazifik. Bild: Matthias Krüttgen/Fotolia.de

Die 9.288 Kilometer lange Transsibirische Eisenbahn, die von Moskau bis nach Wladiwostok an der Pazifikküste führt, ist sicherlich die weltweit bekannteste Eisenbahnstrecke in Russland. Sieben Tage dauert die gesamte Reise bis ans Ziel in Fernost. In dieser Woche lernt der Transsib-Reisende die kulturelle Vielfalt Russlands und seine zahlreichen Völker kennen. Eine Reise mit der Transsibirischen Eisenbahn ist bei vielen Bahnfreunden ein Muss. Wer mit der Transsibirischen Eisenbahn fährt, wird sicherlich einen hochwertigen Zug nehmen. Am besten sind die Firmenyezüge, die man vielleicht mit dem ICE vergleichen kann. Hat man einmal seinen Platz eingenommen, dann kann man sich auf fast hundert Städte und rund vierhundert Bahnhöfe freuen, wobei die Fernzüge natürlich nicht überall halten. Wird ein planmäßiger Halt eingelegt, dann dauert es zwischen fünf und zwanzig Minuten, bis es weitergeht. Der Fahrgast kann sich etwas zu Trinken besorgen oder sich eine Mahlzeit kaufen, die viele Frauen am Bahnsteig feilbieten. Da die Strecke eine der wichtigsten russischen Magistralen ist, gibt es viele Zugbegegnungen. An vielen der über 400 Bahnhöfe entlang der Strecke findet man des Öfteren alte Dampfloks ausgestellt.

Neben den genannten drei großen Bahnhöfen gibt es auf dem Komsomolskaja-Platz noch den Regionalbahnhof Kalantschowskaja sowie eine Metrostation. Hinzu kommen weitere wichtige Bahnhöfe auf dem ganzen Stadtgebiet verteilt.

Der tiefste Bahnhof der Welt

U-Bahn-Station Arsenalna in Kiew

38

Nach Moskau und dem damaligen Leningrad (St. Petersburg) eröffnete 1960 in Kiew die dritte Metro der Sowjetunion. Es war mitten im Kalten Krieg und während sich der Westen vor den Atombomben des Warschauer Pakts fürchtete, hatten die Sowjets Angst vor den Atombomben der NATO. Die Planer der neuen U-Bahn in Kiew hatten deshalb den Auftrag, einige Metro-Stationen möglichst tief unter die Erde zu bauen, damit sie im Ernstfall als Bunker dienen konnten.

Über hundert Meter unter dem Boden

Dieser Sorge, aber auch geologischen Voraussetzungen durch die Nähe zum Dnjepr, verdanken wir die tiefstgelegene U-Bahn-Station der Welt in der Hauptstadt der Ukraine. Es handelt sich um die Station Arsenalna der Linie 1 mit 105,5 Metern unter der Erdoberfläche. Mit der Rolltreppe braucht man geschlagene fünf Minuten, um auf die Bahnsteigebene zu gelangen. Damit ist die Metro von Kiew aber nicht die tiefstgele-

Die Metro-Station Arsenalna gilt als die tiefstgelegene U-Bahn-Station der Welt. Sie liegt nicht weit von dem bekannten Majdan-Platz und dem Dnjepr entfernt. Bild: Antares 610/C.C.0

Allein die Fahrt mit der Rolltreppe zum Bahnsteig der Arsenalna hinunter oder hoch ins Freie ist schon ein Erlebnis. Bild: AMY/CC BY-SA 3.0

gene U-Bahn der Welt. Diesen Rekord hält die nordkoreanische Untergrundbahn von Pyöngyang, bei der es allerdings nur Streckenabschnitte sind, die in 110 Metern unter der Erdoberfläche liegen. Auch diese Metro wurde in solche Tiefen verbannt, um gleichzeitig Schutz gegen Bombenangriffe zu bieten.

Zurück zur Arsenalna: Sie gehört zu den Stationen, die schon bei der Eröffnung der Bahn existierten. Im Vergleich zu Moskau und St. Petersburg wirkt die Innenausstattung der Bahnsteighallen und Zugangsflure etwas nüchterner. Dennoch gibt es hübsche Mosaiken und sehenswerte Durchgänge zu bestaunen. Diese Station ist nach der Arsenal-Waffenfabrik benannt, einer der berühmtesten und ältesten Fabriken der Stadt.

Fakten zur U-Bahn von Kiew

Die Metro von Kiew besitzt drei Linien mit einer gesamten Streckenlänge von 69,6 Kilometern und 52 Stationen. Drei weitere Linien sollen in Zukunft das Netz beträchtlich erweitern. Sie wurde am 6. November 1960 eröffnet und ist in der russischen Breitspur 1.520 mm gelegt. Die alten Wagen stammen alle aus sowjetischer Produktion, doch die Ukraine möchte aus bekannten Gründen keine Abhängigkeiten vom großen Nachbarn und hat sich mit der Waggonfabrik Krjukiw für die Fertigung neuer Doppeltriebzüge in Leichtbauweise im eigenen Land entschieden.

In der Station Hallonbergen ist diese naive Skulptur zu sehen. Bild: Caesar/C.C. 3.0

39 Stockholm

Eine der größten Kunstgalerien der Welt

Der Hauptbahnhof der schwedischen Hauptstadt – »Centralstation« genannt – ist der betriebsamste Bahnhof des skandinavischen Landes und für die meisten öffentlichen Verkehrsmittel Stockholms der Dreh- und Angelpunkt. Die Centralstation zeichnet sich mit dem ansprechenden historischen Zentralgebäude und den späteren Erweiterungen und Modernisierungen durch eine stilvolle Mischung aus alt und modern aus. Der Bahnhof wird täglich von etwa 410.000 Personen, davon etwa 170.000 Zugreisende, genutzt. Eine Besonderheit ist der vertikale Aufbau, der den Betrieb der Fern- und Nahzüge, Busse und U-Bahnen sowie verschiedene Einrichtungen auf insgesamt neun Ebenen verteilt. Für den Fall, dass Angehörige der königlichen Familie mit dem Zug auf Reisen gehen, steht darüber hinaus ein spezieller Warteraum zur Verfügung.

Über einen Verbindungstunnel kann vom Hauptbahnhof aus »T-Centralen«, die Hauptstation des Stockholmer U-Bahnnetzes erreicht werden. Alle drei Linien der Stockholmer Untergrundbahn kreuzen sich hier. Etwa

Die Centralstation von Stockholm ist ein Tunnelbahnhof. Bild: Michell Zappa/C.C. 2.0

265.000 Fahrgäste betreten oder verlassen an sechs Bahnsteigen täglich die Züge. Auch die U-Bahnstationen haben etwas Besonderes zu bieten: Sie gelten als die längste Kunstausstellung der Welt. Fast alle Haltestellen wurden von über 150 Künstlern mit Gemälden, Skulpturen und Installationen anspruchsvoll gestaltet. Jede Haltestelle hat ein eigenes Thema, so dass man am liebsten überall aussteigen würde.

Ein einzigartiges Kunstvergnügen

Und das kam so: Bereits 1955 erhoben sich Stimmen, die die U-Bahn der schwedischen Hauptstadt verschönern wollten. Ein Jahr später wurde ein Wettbewerb ins Leben gerufen, die Teilnehmer sollten Ausgestaltungsvorschläge für U-Bahn-Stationen machen. Zwölf Künstler durften sich freuen und die neue Station T-Centralen (Hauptbahnhof) ausstatten. 1957/58 war die Arbeit beendet. Stockholm hatte eine ganz spezielle Galerie mit zehn Kunstwerken. Das Ergebnis kam so gut an, dass man sich dazu entschloss, weitere Stationen zu schmücken.

Über 94 Stationen sind inzwischen zu Kunstwerken geworden. Bei Streckenneubauten sind auserwählte Künstler von Beginn an in die Planungen einbezogen. In sieben Stationen werden die Exponate etwa zehnmal im Jahr ausgetauscht. So gibt es immer etwas Neues in der längsten Kunstgalerie der Welt zu Stockholm.

Baujuwel in Amsterdam

Bahnhof im Stil der Neorenaissance

40

Der Bahnhof Amsterdam Centraal, der Hauptbahnhof der niederländischen Hauptstadt, steht mit jährlich 68 Millionen Passagieren erst an 25. Stelle unter den betriebsamsten Eisenbahnstationen Europas, für viele gilt er aber als einer der interessantesten. Er wird oft als das beste Beispiel für die niederländische Neorenaissance-Architektur genannt und zählt deshalb zu den wichtigsten Sehenswürdigkeiten der niederländischen Großstadt.

Schwierigkeiten beim Bau

Der Bahnhof war nicht unumstritten, als er 1889 eröffnete. Viele waren der Meinung, dass er den Amsterdamern den Blick auf den Hafen abschneide. Manche sahen ihn als einen Angriff auf die Schönheit und den Ruhm der Hauptstadt. Heute würde niemand mehr so urteilen.

Diese alte, kolorierte Fotografie zeigt den Amsterdamer Hauptbahnhof in seinem Zustand um 1900. Bild: Sammlung Michael Dörflinger

Das prächtige Backsteingebäude des Hauptbahnhofs aus dem Jahr 1889 gehört heute zu den Wahrzeichen Amsterdams. Bild: Paul Asman und Jill Lenoble/C.C. 2.0

Die Bauarbeiten für den Hauptbahnhof begannen bereits 1882. Das Gebäude wurde auf drei künstlichen Inseln errichtet, wobei der Sand vom Bau des Nordseekanals stammte. Da der Untergrund nicht stabil genug war, mussten über 8.600 Holzpfähle in den Boden gerammt werden, um das Gebäude zu stützen. Heute ist das Empfangsgebäude mit der Auszeichnung als Reichsmonument dekoriert und ist dank seiner über 190.000 täglich an- und abreisenden Passagiere das meistbesuchte »Rijksmonument« der Niederlande.

Verkehr in Amsterdam Centraal

Im Amsterdam Centraal hält täglich zweimal der aus London kommende Eurostar. Neunmal täglich kann mit dem Thalys über Rotterdam, Antwerpen und Brüssel nach Paris gefahren werden. Der ICE International fährt alle zwei Stunden nach Frankfurt und einmal täglich bis nach Basel. Neben dem Fernverkehr werden regionale Ziele angefahren. Seit dem Umbau ab 1997 hält hier auch eine U-Bahn-Linie und vor dem Bahnhof warten Taxis, Busse und mehrere Straßenbahnlinien auf ihre Fahrgäste. Auf der Hafenseite des Bahnhofs besteht die Möglichkeit, auf eine Fähre umzusteigen. Auf den 15 Gleisen des Bahnhofs fuhren zu den besten Zeiten rund tausend Züge täglich ein.

Der neue Bahnhof von Lüttich

41

Die »Kathedrale der modernen Zeit«

In der belgischen Stadt Lüttich (französisch Liège) spielte die Eisenbahn schon früh eine wichtige Rolle. Der erste Bahnhof der Stadt wurde bereits 1842 eröffnet. Und schon ein Jahr später verband die erste internationale Eisenbahnlinie Lüttich mit Aachen und Köln. Aber im Zeitalter der Hochgeschwindigkeitszüge zeigte es sich, dass der bisherige Bahnhof den Anforderungen nicht mehr gewachsen war.

1996 wurde deshalb mit den Planungen für einen neuen Bahnhof begonnen. Mit dem Projekt wurde der Architekt Santiago Calatrava beauftragt. 2009 war das neue Bauwerk fertig. Es wird oft als »Kathedrale der modernen Zeit« bezeichnet. Anders als die vorhergehenden Gebäude gilt der Bahnhof Liège-Guillemins mit seinem wie ein geschwungener Baldachin wirkenden Glasdach als eine der Sehenswürdigkeiten der Stadt.

Der Bahnhof Liège-Guillemins besitzt ein beeindruckendes Glasdach. Bild: Rick Ligthelm/C.C. 2.0

42

Antwerpens Kunstwerk

Die Centraal Station ist ein Palast

Neben der modernen Kathedrale des Verkehrs in Lüttich kann Belgien mit einem Empfangsgebäude aufwarten, das schon kurz nach seiner Eröffnung im Jahr 1905 den Spitznamen »Spoorwegkathedraal« bekam, auf Deutsch heißt das soviel wie »Eisenbahnkathedrale«. Und dieser Begriff war nicht aus der Luft gegriffen. Denn der Bau wird von einer 75 Meter hohen Kuppel gekrönt. Vorbild war nichts geringeres als das Pantheon in Rom.

Vielen mag dieses Gebäude überladen und eklizistisch wirken. Doch durch sein gekonntes Spiel mit den Materialien und die perfekt abgestimmten Farben schuf der belgische Architekt Louis de la Censerie ein Baujuwel. Zum Glück ist es uns erhalten geblieben, denn das Alter hatte dem Bau stark zugesetzt. Außerdem hatte während des Zweiten Weltkriegs eine V2-Rakete schwere Schäden angerichtet. 1986 musste das Betreten des Gebäudes sogar verboten werden. In der Folge begann man mit einer grund-

Die Züge halten in Antwerpen auf mehreren Ebenen. Bild: Paul Henri Degrande

Die Uhr thront auf dem Portal, das aus dem Bahnhof in die Stadt führt. Bild: Sascha F./Fotolia.de

legenden Sanierung. Ab 1998 wurde der Kopfbahnhof in einen Durchgangsbahnhof umgewandelt. 2007 erhielt die Centraal Station einen unterirdischen Bahnhofsteil. Somit hat er jetzt vier Ebenen, wobei allerdings nur drei mit Gleisen ausgestattet sind. Die Hochgeschwindigkeitsfernzüge halten in der zweiten Untergrundebene.

Eine anerkannte Schönheit

Neben der Kuppel ist besonders die den Gleisen zugewandte Front mit einer verspielten Treppe und einem mächtigen Portal, auf dem eine Uhr thront, besonders eindrucksvoll. Als 2009 ein Magazin die schönsten Bahnhöfe der Welt auflistete, wurden zuerst London (mit St Pancras, siehe Kapitel 78) und New York (mit dem Grand Central Terminal, siehe Kapitel 85) mit den Spitzenplätzen bedacht, danach der in Kapitel 34 beschriebene Bahnhof Chhatrapati Shivaji in Mumbai. Doch bereits an vierter Stelle wurde die Antwerpener Centraal Station genannt. Deutsche Bahnhöfe sind übrigens nicht unter den Top Ten. – 2014 errang der belgische Bahnhof in einem amerikanisch-britischen Onlinemagazin sogar den Spitzenplatz.

Die Centraal Station steht auf einem historisch bedeutsamem Ort, denn an dieser Stelle wurde bereits 1836 ein in Holzbauweise errichteter Bahnhof errichtet. 1854 wurde an seine Stelle ein hochwertigeres Haus gebaut.

Wenn man in Antwerpen aus dem Zug steigt, wird man von dieser atemberaubenden Treppe empfangen. Bild: Rudy und Peter Skitterians

Auf den Nordseeinseln

43

Bahnhöfe der besonderen Art

Die Borkumer Inselbahn bringt Gäste der Insel in 20 Minuten von der Anlegestelle am Hafen ins Ortsinnere. Das »Netz« besteht aus drei Haltestellen und einem kleinen Betriebshof. Es geht aus dem regen Hafentreiben heraus schnurgerade durch die Wattlandschaft. Dann wechselt das Erscheinungsbild: Wolfdedünen und Buschwäldchen sind jetzt zu sehen. Nach einem Halt am Jakob-van-Dyken-Weg erreicht man das Zentrum im Bahnhof Borkum.

Die Hauptlast des Verkehrs tragen moderne Schöma-Loks (»Hannover«, »Berlin«, »MünsterIII« Baujahr 1993/94 und »Aurich« Baujahr 2007), die optisch jedoch den alten Fahrzeugen nachempfunden wurden. Mit dem Wismarer Schienenbus T1 der Bauart »Hannover« kann man eine Nostalgiefahrt erleben. Der T 1, der 1940 auf die Insel kam, wurde in den Siebzigern verkauft und 1997 zurückgeholt. Im Sommerhalbjahr führt auch die Dampflok »BorkumIII« Sonderfahrten durch. Auf dieser Lok kann man sich übrigens zum Ehren-Dampflokführer ausbilden lassen. Das alles an einem Tag. Für Leckermäuler ist sicher der Ausflug mit dem Waggon-Café im Weyrer Wagen Nr. 45 ein Höhepunkt, denn man serviert ohne Aufpreis

Eine Schöma-Lok mit ihrem Wendezug hält am Inselbahnhof Borkum. Die Diesellokomotiven haben wassergekühlte Deutz-Motoren mit 250 PS. Bild: Tanja Thomssen/Fotolia.de

»Kehre wieder« heißt es auf dem Spruchband über der Uhr des Bahnhofsgebäudes von Wangerooge. Bild: Birgit Winter/Pixelio.de

Kaffee und Kuchen. Im über 110 Jahre alten Kaiserwagen kann man sogar heiraten.

Eisenbahn auf Wangerooge

Die Fähre benötigt vom Festlandshafen Harlesiel bis zum Westanleger auf Wangerooge etwa eine dreiviertel Stunde. Auf der Insel gibt es keinen privaten Kfz-Verkehr. Neben Elektrotaxis, die den Pferdebetrieb inzwischen verdrängt haben, ist die Schmalspurbahn das wichtigste Verkehrsmittel. Die Wangerooger Inselbahn ist die einzige von der Deutschen Bahn AG betriebene Schmalspurstrecke.

Die öffentliche Strecke verläuft zwischen Westanleger und Dorfbahnhof. Züge zum Haltepunkt Westen werden lediglich zum Gütertransport oder für den Transfer in die Schullandheime genutzt. Die Inselbahn kaufte 1999 zwei neue Schöma-Lokomotiven (399 107 und 399 108), die hervorragend laufen und nahezu den gesamten Verkehr auf der Insel bewältigen.

Der Bahnhof von Wangerooge wurde 1906 mit einem wunderschönen Empfangsgebäude geschmückt, das mit seinen Jugendstilelementen und dem Baustoff Ziegel Regionalität und Zeitgeist perfekt verkörpert.

Der Hauptbahnhof von Kiel

Immer wieder Umbauarbeiten

44

Eine sehr wechselvolle Geschichte schreibt der Hauptbahnhof von Kiel. Zwischen 1895 und 1911 wurde er als Ersatz für den alten Bahnhof von 1846 erbaut und in Etappen für den Verkehr freigegeben. Seine spezielle Bedeutung hatte er damals, weil Kaiser Wilhelm II. zur Kieler Woche mit dem Zug kam und auch sonst des öfteren seine Jacht besuchte. Für ihn waren eigene Räume und ein Treppenzugang gebaut worden. Der Hauptbahnhof liegt nämlich direkt an der Kieler Förde.

Im Zweiten Weltkrieg wurden große Teile der Anlage zerstört und notdürftig wiederaufgebaut. 1999 entschied man sich dann zu einer umfassenden Renovierung – ein Mammutprojekt, das sieben Jahre in Anspruch nahm. Doch damit nicht genug: 2013/14 wurden vor der Bahnsteighalle zwei neue Gleise angelegt.

Die dreischiffige Bahnsteighalle wurde 2006 fertig. Bild: Rick Ligthelm/C.C. 2.0

Kiel Hauptbahnhof ist ein Kopfbahnhof mit sechs plus zwei Gleisen. 2013 wurden die vor der Halle endenden Gleise 2b und 6b hinzugefügt. Bild: Rudy und Peter Skitterians

Bremens Hauptbahnhof

Märchenbau und Augenschmaus

45

Wie in einigen anderen Großstädten gab es in Bremen vor der Errichtung des Zentralbahnhofs Vorgängerbauten. Mitte des 19. Jahrhunderts war der Staatsbahnhof entstanden, der nach der Reichsgründung durch den Hamburger Bahnhof weitgehend abgelöst wurde. In den 1880er-Jahren entstand auf dem Areal des Staatsbahnhofs der Hauptbahnhof, der alle drei Streckenäste bündelte. Dafür wurde die Trasse der Oldenburger Bahn verlegt. Dadurch wurde auch der Hamburger Bahnhof verzichtbar. Der Hauptbahnhof wurde als Durchgangsbahnhof angelegt.

Das 1889 fertig gestellte Empfangsgebäude wurde 2012 von der Jury der Allianz pro Schiene so gefeiert: *»Bremens Hauptbahnhof ist ein Märchenbau, der die Alltagswünsche der Reisenden wahr macht (...) (der) rote Backsteinbau mit den großen Rundbogenfenstern ist ein echter Augenschmaus.«* Mit diesen Worten hat sie ihn zum Bahnhof des Jahres gekürt. In der Tat hat sich Architekt Hubert Stier bei der Konstruktion des Empfangsgebäudes sehr viel Mühe gegeben. Neben dem klassischen zweiflügligen Grundriss und dem stolzen Mittelportal fallen vor allem die Skulpturen und Verzierungen auf, die motivliche Bezüge zur Stadt und zur Eisenbahn schaffen.

Achillesferse des Bahnhofs waren lange die Tunnel, die zu den Gleisen führten. Der Durchgang unter den Schienen bestand nämlich aus einem zentralen Gepäcktunnel und zwei Passagiertunneln,

Das Empfangsgebäude des Bremer Hauptbahnhofs steht unter Denkmalschutz. Bild: wiw/Fotolia.de

durch die man die östliche beziehungsweise westliche Seite der Bahnsteige erreichen konnte. Doch die wurden beim grundlegenden Umbau Anfang der 2000er-Jahre vereint und zu einer schicken, hell beleuchteten Ladenpassage ausgebaut. Dadurch wurde der Hauptbahnhof zu einem der belebtesten Zentren der Hansestadt.

Verkehrsknoten und Gütertransport

Der Bremer Hauptbahnhof gehört zu den größten in Deutschland. Er liegt an der Schnittstelle zwischen dem Ruhrgebiet und Hamburg sowie Oldenburg und Berlin. Durch den großen Handelshafen, der sich allerdings schon länger in der Krise befindet, wurde der Güterverkehr von größerer Bedeutung für die Stadt.

Hamburg Hauptbahnhof

Der betriebsamste Bahnhof Deutschlands

46

Etwa 175 Millionen Reisende benutzen jährlich den Hamburger Hauptbahnhof. Dadurch ist der Bahnhof der Hansestadt der betriebsamste Deutschlands. Im europäischen Vergleich steht er hinter den beiden Pariser Bahnhöfen Gare du Nord und Châtelet-Les Halles an dritter Stelle.

1870 hatte Hamburg vier Bahnhöfe für die vier Strecken, die in der Hafenstadt endeten: den Berliner Bahnhof, den Lübecker Bahnhof, den Bahnhof Klosterthor und den Hannoverschen Bahnhof. Aber mit dem wachsenden Eisenbahnverkehr zeigte sich immer mehr, dass die Verteilung des Zugbetriebs in mehrere Hamburger Endstationen nicht praktikabel war. Ein Hauptbahnhof sollte Abhilfe schaffen. 1900 schrieb die Stadt einen Wettbewerb für den Entwurf der neuen zentralen Bahnstation aus. Es sollte ein monumentales Bauwerk werden, das sich an der Fassade des Hamburger Rathauses orientierte. Die Bauarbeiten begannen 1902. Die zwölf Bahnsteige wurden mit einer riesigen aus Eisen und Glas bestehenden Halle überdacht, und an den beiden Ausgängen standen 45 Meter hohe Türme. Am 6. Dezember 1906 konnte der neue Hauptbahnhof in Betrieb genommen werden.

Heute ist der Hamburger Hauptbahnhof einer der wichtigsten Eisenbahnknoten Deutschlands. Er dient sowohl dem Fern- als auch dem Regional- und dem S-Bahn-Verkehr. Wichtige Direktverbindungen ins Ausland gibt es nach Aarhus und Kopenhagen in Dänemark, Amsterdam in den Niederlanden, Basel und Chur in der Schweiz, Prag in der Tschechischen Republik, Villach in Österreich und Budapest in Ungarn.

Die Bahnsteighalle. Bild: Cpro/Fotolia.de

Hamburg Hauptbahnhof ist ein Reiterbahnhof. Bild: kameraauge/Fotolia.de

In der Bahnsteighalle des Hamburger Hauptbahnhof herrscht ein reges Treiben. Täglich eilen hier eine halbe Million Menschen zu ihrem Zug. Bild: Kookay

LE CROBAG
petite France
S31 Harburg Rathaus

Berlin Ostbahnhof

47

Er hatte schon viele Namen

Als der Bahnhof 1842 in Betrieb ging, bekam er den Namen Frankfurter Bahnhof. Das bezog sich auf Frankfurt an der Oder, den damaligen Endpunkt der Strecke. 25 Jahre später wurde nicht weit entfernt eine Ostbahnhof genannte Anlage eingeweiht, die die Eisenbahn Richtung Nordosten aufnahm. 1881 wurde der Frankfurter Bahnhof umgebaut und entwickelte sich zu einem Durchgangsbahnhof. Weil außerdem die Strecke nun weit hinter Frankfurt führte, bekam er den zeitgemäßeren Namen Schlesischer Bahnhof und er übernahm auch die Aufgaben des alten Ostbahnhofs.

Nach Gründung der DDR wurde er in Ostbahnhof umgetauft und zum wichtigsten Bahnhof der neuen Hauptstadt Ostberlin, da die Verbindungen in den Osten angesichts der engen Verknüpfung mit dem Wirtschaftsraum des sowjetischen Machtbereichs die wichtigsten des Landes waren. Dieser Status wurde 1987 durch die Bezeichnung Hauptbahnhof zementiert. Nach der Wiedervereinigung blieb es einmal dabei. Erst 1998 erfolgte die Rückbenennung in Ostbahnhof. Dabei ist es bis heute geblieben.

Der Ostbahnhof war der Berliner Hauptbahnhof der DDR. Bis 1998 führte er auch in der wiedervereinigten Stadt diesen Namen. Bild: Wik

Berlin Bahnhof Zoo

48

Ein Film machte ihn berühmt

Der Bahnhof Berlin Zoologischer Garten, so sein offizieller Name, war ursprünglich ein Halt der Berliner Stadtbahn und später der U-Bahn. Doch für die Olympischen Spiele von 1936 wurde er zum Fernbahnhof umgebaut. Das war praktisch, denn nach dem verlorenen Zweiten Weltkrieg und der Teilung Berlins war dies der einzige Fernbahnhof im Westteil der Stadt. Folgerichtig wurde er zum wichtigsten Bahnhof der westlichen Zonen.

Treffpunkt der Drogen- und Stricherszene

Leider entwickelte sich das Bahnhofsumfeld in den 1970er-Jahren wie in vielen anderen Bahnhofsvierteln der Welt und driftete in ein von käuflichem Sex und Drogenhandel geprägtes Scherbenviertel ab. Durch das Buch und später den Film »Wir Kinder vom Bahnhof Zoo« wurde der Bahnhof überregional bekannt und berüchtigt. Doch das ist lange her. Heute ist der Bahnhof vielen Berlinern fast zu ruhig. Durch die Eröffnung des neuen Hauptbahnhofs hat er viele Verbindungen verloren. Immerhin halten jetzt wieder hie und da ICE-Züge.

Der Bahnhof Berlin Zoologischer Garten war lange Jahre der wichtigste Bahnhof von West-Berlin und einzige Fernbahnhof der eingemauerten Stadt. Bild: Hannelore Dörflinger

Der Hauptstadtbahnhof

Berlins neues Aushängeschild

49

Durch die Teilung nach dem Zweiten Weltkrieg lag Berlin lang Zeit abseits der wichtigen europäischen Verkehrsrouten. Die sollte sich mit der Wiedervereinigung ändern. Die Stadt an de Spree wurde zum Sitz der Dachgesellschaft der Deutschen Bah AG und stieg mit dem neuen Hauptbahnhof wieder zu einem de bedeutendsten Eisenbahndrehkreuze innerhalb Deutschlands auf.

Beim Bau handelte es sich um eines der teuersten Bahnhofsprojekte de Bundesrepublik. 85.000 Tonnen Stahl wurden für das auf fünf Etagen – zwei davon im Untergrund – angelegte Gebäude verbraucht. Die Grund steinlegung des Berliner Hauptbahnhofs auf dem Areal des im Krieg zer störten Anhalter Bahnhofs erfolgte am 9. September 1999.

Bereits am 4. März 2006 fuhr zum ersten Mal ein ICE durch den Nord Süd-Tunnel des Bahnhofs, allerdings noch zu Testzwecken. Die offiziell

Viel Glas und Stahl sieht man am Hauptstadtbahnhof, der 2006 in Betrieb gegangen ist. Dadurch wirkt er luftig und hell. Bild: Hannelore Dörflinger

Die oberste Etage des Turmbahnhofs ist modern und gibt den Passagieren ein gutes Gefühl. Bild: Hannelore Dörflinger

Eröffnung fand am 26. März in Anwesenheit vieler prominenter Gäste statt. 54 Rolltreppen und zehn Aufzüge verbinden die Stockwerke miteinander. Die Züge halten in der obersten und der untersten Etage an insgesamt 14 Bahnsteigen. Rund 15.000 Quadratmeter des Gebäudes werden von 80 Einzelhandelsgeschäften genutzt. Mit jährlich etwa 110 Millionen Reisenden steht der Berliner Hauptbahnhof in der Liste der belebtesten Bahnhöfe in Deutschland hinter den Hauptbahnhöfen von Hamburg, Frankfurt und München. In der europäischen Rangordnung kommt er erst an neunter Stelle. Aber er kann trotzdem mit einigen Superlativen aufwarten. So ist er der größte Turm- oder Etagenbahnhof Europas. Dies bedeutet, dass sich Gleise auf verschiedenen Ebenen befinden.

Der Bahnhof ist als Verknüpfungspunkt verschiedener Verkehrsträger in der Hauptstadt konzipiert. Am (immer noch) neuen Berliner Hauptbahnhof trifft die Eisenbahn auf vier S-Bahn-Linien. Bis 2020 fuhr die provisorische U-Bahn-Linie U55 zum Brandenburger Tor. Nach dem Lückenschluss zum Alexanderplatz hat die U5 ihre Aufgaben übernommen und verbindet nun den Hauptbahnhof direkt mit der Altstadt und geht bis Hönow. Die zentrale Lage ist natürlich für Geschäftsleute hochinteressant.

Der Berliner Hauptbahnhof ist Verkehrsknoten und Einkaufszentrum. Bild: Hannelore Dörflinger

Der Kölner Hauptbahnhof

50

Zwischen Dom und Hohenzollernbrücke

Während der Kölner Dom fast unversehrt aus den vielen Bombennächten des Zweiten Weltkriegs hervorging, kann man das von dem Hauptbahnhof nicht behaupten. Vom Empfangsgebäude war nicht mehr viel übrig geblieben. Auch wenn die Schienenstränge bald wieder repariert werden konnten, der Bahnhof selbst blieb lange ein Zankapfel. Einige hatten nämlich die Idee, den Hauptbahnhof auf den Güterbahnhof zu verlegen. Doch daraus wurde zum Glück nichts. Erst in den 1950ern wurde ein neues, sagen wir mal funktionales Empfangsgebäude errichtet.

Der Bahnhof wächst mit seinen Aufgaben

In den folgenden Jahren kam es zu Erweiterungen und Modernisierungen – zu erwähnen insbesondere die des Jahres 2000, wo ein Einkaufszentrum eingerichtet wurde.

Das Dach über den Bahnsteigen wurde in den 1990er-Jahren errichtet. Zusammen mit dem Dom bildet es ein attraktives Ensemble. Bild: Blacky/Fotolia.de

Ebenfalls sehr attraktiv ist auch die dem Dom abgewandte Seite des Bahnhofsvorfelds, denn hier schlägt sich die berühmte Hohenzollernbrücke über den Rhein, deren markante Reiterstatuen links und rechts neben den Gleisen die vier letzten preußischen Könige darstellen, drei von ihnen waren auch deutsche Kaiser. Dieses Bauwerk ist die meistbefahrene Eisenbahnbrücke Deutschlands und sicher mit eine der attraktivsten. Aber sie ist im überregionalen Verkehr auch ein gefürchteter Flaschenhals.

Von Thalys bis Flixtrain

Der Kölner Hauptbahnhof gehört zu den wichtigsten deutschen Eisenbahnknoten. Auch international ist er von großer Bedeutung. So hält hier nicht nur der ICE, sondern auch der Thalys, der über die Niederlande und Belgien nach Paris fährt. Intercity, der Night Jet der ÖBB, Regionalverkehr und auch der Flixtrain, dazu S-Bahn, Stadtbahn und Bus können am Kölner Hauptbahnhof regelmäßig bewundert und genutzt werden. Der Bahnhof verfügt über elf Gleise, von denen zwei der S-Bahn vorbehalten sind. Täglich halten etwa 1.200 Züge auf dem Hauptbahnhof.

Blick von Norden her auf die Bahnsteighalle. Bild: euregiophoto/Fotolia.de

Einer Besonderheit in Köln ist die Tatsache, dass mit dem Bahnhof Köln Messe/Deutz auf der rechten Seite des Rheins in unmittelbarer Nähe ein zweiter Fernbahnhof existiert, der sich die Aufgaben mit dem Hauptbahnhof teilt, das heißt, dass er die rechtsrheinisch verkehrenden Züge aufnimmt. Das ist eine kleine Entlastung für die überlastete Hohenzollernbrücke.

Die Lage des Kölner Hauptbahnhofs direkt neben dem Dom gehört zu den attraktivsten in ganz Deutschland.

Bild: Blacky/Fotolia.de

Frankfurt am Main

51

Deutschlands Nummer zwei

Frankfurt am Main ist heute nicht nur wegen seines Flughafens, sondern auch durch seinen Hauptbahnhof die wichtigste Verkehrsdrehscheibe Deutschlands. Mit jährlich etwa 164 Millionen Passagieren steht der Frankfurter nach dem Hamburger Hauptbahnhof hinsichtlich der Betriebsamkeit an zweiter Stelle in Deutschland und an vierter Stelle in Europa.

Der »Centralbahnhof« besteht seit 1888. Ursprünglich besaß Frankfurt drei kleinere Bahnhöfe im Westen der Stadt, deren Kapazitäten aber angesichts des wachsenden Eisenbahnverkehrs nicht mehr ausreichten. Der Bau eines Großbahnhofs war schon längere Zeit beabsichtigt, konnte aber erst ernsthaft in Angriff genommen werden, nachdem Preußen 1866 Frankfurt und die umliegenden Gebiete annektiert hatte. 1880 schrieb die Preußische Akademie für Bauwesen einen Wettbewerb unter den führenden

Es ist keine Frage, in welcher Stadt sich diese Bahnsteighalle befindet. Die Werbung für die FAZ ist da Hinweise genug. Bild: moritz320

Dieser faszinierende Blick auf den Bahnhof und das Gleisvorfeld in Frankfurt am Main verdeutlicht die Dimensionen dieses Verkehrsknotens. Bild: Thomas Leiss/Fotolia.de

Architekten für den Entwurf eines »Denkmalbaus« aus. Für das Empfangsgebäude und die Bahnsteighalle wurden zwei verschiedene Architekten ausgewählt.

1888 erfolgte nach fünfjähriger Bauzeit die Einweihung. Der Kopfbahnhof war ursprünglich mit 34 Bahnsteiggleisen geplant gewesen, was das Machbare jedoch übertroffen hatte. Schließlich hatte man sich mit 18 Gleisen begnügen müssen. 1924 konnte infolge einer Erweiterung um zwei Hallen die Anzahl der Bahnsteiggleise auf 25 erhöht werden.

Verkehrszentrum im Herzen Deutschlands

In Frankfurts Hauptbahnhof besteht Anschluss an die S- und U-Bahn. Fast eine halbe Million Fahrgäste verkehren täglich auf dem Bahnhof. Fernzüge gehen in alle Richtung ab. Wichtig ist die Verbindung zu Frankfurt am Main Flughafen Fernbahnhof. Dort kommt man direkt bei Deutschlands wichtigstem Airport an. Nicht wirklich in den Griff hat die Stadt bislang die Kriminalität bekommen, die nicht nur am Bahnhof, sondern auch im umliegenden Bahnhofsviertel leider auf einem sehr hohen Niveau verharrt.

Leipzigs Verkehrspalast

52

Der größte Kopfbahnhof Europas

Als Messestadt war es für Leipzig stets wichtig, eine gute Verkehrsanbindung zu besitzen. Kein Wunder, dass auch die Eisenbahn in der sächsischen Großstadt eine herausragende Rolle spielt. Leipzig wurde schon früh an die Eisenbahn angebunden. Bereits 1837 fuhren die ersten Züge von Leipzig in das rund zehn Kilometer entfernte Althen, das war das erste Teilstück der ältesten deutschen Fernbahn Leipzig–Dresden. Doch lange Jahre bestanden mehrere Bahnhöfe nebeneinander. Das änderte sich am 4. Dezember 1915 mit der Eröffnung des Leipziger Hauptbahnhofs, der zum größten Kopfbahnhof Europas geworden war. 26 Gleise endeten in dem Kopfbahnhof selbst, weitere fünf wurden außerhalb der Halle errichtet. In Teilen war der neue Bahnhof allerdings schon ab 1912 genutzt worden. Im Zweiten Weltkrieg entstandene Schäden konnten relativ schnell beseitigt werden.

Das mächtige Empfangsgebäude besticht durch seine klaren Formen

Nach der Wiedervereinigung wurde der Leipziger Hauptbahnhof komplett saniert und erstrahlt wieder im schönsten Glanz. Bereits die Ankunft in Leipzig bietet dem Eisenbahnfreund ein besonderes Erlebnis, denn der mächtige Hauptbahnhof aus der Kaiserzeit ist auch optisch ein Leckerbissen. Als Sahnehäubchen gibt es auf Gleis 24 drei alte Elektroloks, einen Diesel-Schnelltriebwagen und eine Dampflokomotive der Baureihe 52 zu besichtigen.

Blick in die Bahnsteighalle des größten Kopfbahnhofs Europas.

Die westliche Eingangshalle des Leipziger Hauptbahnhofs mit ihrer breiten Treppe.

Bilder diese Doppelseite: Hannelore Dörflinger, Nächste Doppelseite: Reinhold Silbermann

Stadtwerke Leipzig

Dresdens Tor zur Welt

Unter Norman Fosters Dach

53

Die sächsische Hauptstadt Dresden war im 19. Jahrhundert eine blühende Metropole, die schnell wuchs. Dank der berühmten Elbansicht, der vielen bedeutenden Bauwerke und Museen und wegen des angenehmen Klimas zog Dresden viele Touristen und Zuzügler an. Bis 1898 war der Schienenverkehr wie in vielen anderen Großstädten zersplittert und auf mehrere Endbahnhöfe verteilt, was auch daran lag, dass die verschiedenen Strecken, die von Dresden wegführten, in der Hand unterschiedlicher Besitzer lagen.

Mit der Verstaatlichung der meisten Privaten zu den Königlich Sächsischen Staatseisenbahnen 1869 war der Weg frei, diese Situation zu verbessern. Doch es sollte noch lange dauern, bis in Dresden eine strukturelle Verbesserung eintrat.

1892 wurde mit den Planungen des neuen Dresdner Hauptbahnhofs begonnen. Schon drei Jahre später konnte der neue Verkehrsknoten teilweise eröffnet werden. Die vollständige Fertigstellung feierten die Sachsen 1898. Die Konstruktion war äußerst bemerkenswert, denn sie verband mehrere Merkmale der am Anfang dieses Buches dargelegten Definitionen.

Das neue Dach, das man im Bildhintergrund erkennt, stammt von Sir Norman Foster. Es wurde bei der Renovierung in den 2000ern aufgesetzt. Bild: jm2c

Auf diesem Bild ist gut zu erkennen, dass Dresden Hauptbahnhof ein Inselbahnhof ist. Allerdings in Teilen auch ein Kopfbahnhof. Bild: Deutsche Bahn AG/Christian Bedeschinski

So ist der Hauptbahnhof ein Kopfbahnhof, denn hinter dem Mittelteil des Empfangsgebäudes enden sieben Gleise stumpf vor dem Querbahnsteig. Doch links und rechts vom Empfangsgebäude führen Durchgangsgleise vorbei, was ihn zum Inselbahnhof macht. Da diese eine Etage höher liegen, ist er ein Turmbahnhof.

Die Entwicklung nach 1945

Bei den schrecklichen Bombenangriffen von 1945 wurde der Bahnhof völlig zerstört. Für einen schnellen Wiederaufbau fehlte in der DDR das Geld. So wurde er erst einmal notdürftig geflickt. Nach der Wiedervereinigung 1990 begannen erste Planungen zu einer Renovierung. Anfang der 2000er-Jahre wurde er dann umfassend saniert und modernisiert. Das große Empfangsgebäude des Hauptbahnhofs strahlte im neuen Licht. Höhepunkt war aber das neue Hallendach aus teflonbeschichteten Glasfaser-Membranen, das für eine helle Atmosphäre sorgte. Es ist eine Arbeit des britischen Stararchitekten Sir Norman Foster, von dem auch so prestigeträchtige Arbeiten wie die neue Reichstagskuppel oder der Frankfurter Commerzbank Tower stammten.

Kassel-Wilhelmshöhe

Ein neuer Bahnhof für den ICE

54

Der »Palast der vier Winde« genannte Bahnhof Kassel-Wilhelmshöhe ist für den Fernverkehr neu gebaut worden. Am 29. Mai 1991 wurde er feierlich dem Verkehr übergeben. In der Nähe befindet sich Schloss Wilhelmshöhe, wo sich Kaiser Wilhelm II. gerne aufhielt. Der Bahnhof war nötig geworden, um die Fahrzeit des ICE möglichst gering zu halten. Man baute ihn an der Stelle eines alten Bahnhofs, der jedoch nicht an der ICE-Strecke lag, denn die Schnellfahrstrecke Hannover–Würzburg war die erste Neubaustrecke Deutschlands für Hochgeschwindigkeitszüge. Da der Kurs über Kassel Hauptbahnhof ein zu großer Zeitfresser war, hatte man sich für diesen Bahn außerhalb des Stadtzentrums entschieden.

Wichtiger Fernbahnhof

Kassel-Wilhelmshöhe wurde als Reiterbahnhof konstruiert. Neben ICE und Intercity verkehren Regionalzüge und Linien der Kasseler Straßenbahn, die den Bahnhof ans Zentrum anbinden.

Kassel-Wilhelmshöhe wurde eigens als ICE-Halt geplant und umgesetzt. Mit seinem Baujahr 1991 gehört er zu den jüngsten Bahnhofsbauten in Deutschland. Bild: Clic_WP/C.C. 4.0

Wien Hauptbahnhof

55

Ein anderer Neubau setzt Akzente

Wien hatte an den Rändern der Stadt mehrere Bahnhöfe, von denen aus die Gleise in verschiedene Richtungen führen. Wer umsteigen wollte, war auf einen Fiaker, ein Taxi oder öffentliche Verkehrsmittel angewiesen. Das führte zu unangenehmen Zeitverlusten. Deshalb war es überfällig, dass 2003 das Projekt eines Durchgangs-Hauptbahnhofes für die österreichische Hauptstadt in Angriff genommen wurde. Als Standort wurde der Südbahnhof vorgesehen, der deshalb 2009 geschlossen wurde. Am 9. Dezember 2012 konnte eine teilweise Eröffnung dieses Prestigeprojekts gefeiert werden. Drei Jahre später war der Hauptbahnhof fertig. Jetzt ist es möglich, dass Züge Wien durchqueren und in die andere Himmelsrichtung weiterfahren. Das bedeutete einen bemerkenswerten Zeitgewinn.

Viele Beschäftigte

Doch ist der Bahnhof nicht nur ein Verkehrsknoten, an den auch der ÖPNV angebunden ist. Dank der vielen Geschäfte und Dienstleister stellt der Wiener Hauptbahnhof einen wichtigen Arbeitgeber dar.

Das Rautendach über den Bahngleisen ist ein Blickfang. Über die dreieckigen Seitenfenster dringt genügend Tageslicht durch das Dach. Bild: ÖBB/Roman Bönsch

Nürnberg Hauptbahnhof

An der Wiege der deutschen Eisenbahn

56

Nürnberg ist die älteste Eisenbahnstadt Deutschlands. Von dort fuhr 1835 die erste deutsche Eisenbahn nach Fürth. Immer wieder steht die bayerische Großstadt deshalb bei Jubiläen im Mittelpunkt, so auch zu den Feiern 175 Jahre Eisenbahn in Deutschland. Ein Fixpunkt am deutschen Eisenbahnmuseumshimmel ist das DB-Museum in der traditionsreichen Frankenmetropole. Es ist im Verkehrshaus Nürnberg untergebracht, das nicht weit vom Hauptbahnhof entfernt steht. Kein Eisenbahnfreund darf in Nürnberg gewesen sein, ohne das DB-Museum besucht zu haben – oder wie es offiziell heißt: Firmenmuseum der Deutschen Bahn AG.

Nachbar DB-Museum

Die Anfänge dieses Museums gehen bereits ins Jahr 1882 zurück, als in München von der Staatseisenbahn ein kleines Museum gegründet wurde. Sehr bald zog es nach Nürnberg um. Im Laufe der Jahre wuchs die Zahl der Ausstellungsstücke stetig an. Bei den Jubiläumsfeierlichkeiten zu 100 Jahren Eisenbahn in Deutschland wurde mit viel Pomp gefeiert, als Sahnehäubchen bekam das Museum einen originalgetreuen Nachbau des »Adler« und einiger Wagen des ersten deutschen Zuges.

Das Museum wurde in den letzten Jahren modernisiert und mit einer großen Kinderabteilung ausgestattet. Für Kinder verschiedener Altersgruppen gibt es eigene Führungen, die das Thema Eisenbahn altersgerecht schmackhaft machen. Die wichtigsten Loks und Wagen können in zwei Fahrzeughallen besichtigt werden, auf der großen Außenanlage findet man weiteres Rollmaterial

Das eindrucksvolle Empfangsgebäude in Nürnberg. Bild: Crosa/Flickr C.C. 2.0

und Einblicke in die Geschichte der Eisenbahn mit einem alten Bahnsteig, verschiedenen Arten der Schotterung und vielem mehr. Auch eine Feldbahn dreht an Sommerwochenenden ihre Runden.

Der heutige Nürnberger Hauptbahnhof wurde bis 1906 anstelle eines Vorgängerbaus errichtet. Mit seiner mächtigen Kuppel, den beiden Flügeln und einer prächtigen Verzierung repräsentiert der Bau die langjährige Verbindung der Stadt mit der Eisenbahn.

Das Hauptportal mit seinem reich geschmückten Torbogen. Bild: Wolfgang Cibura/Fotolia.de

München Hauptbahnhof

57

Der Bahnhof mit zwei Flügeln

Bevor an der heutigen Stelle ein Empfangsgebäude errichtet wurde, stand der erste Münchner Bahnhof, der die Züge nach Augsburg auf die Reise schickte, als einfacher Holzbau weit außerhalb der Stadt im Bereich der heutigen Hackerbrücke. 1848/49 wurde von Friedrich Bürklein ein dreiteiliges Empfangsgebäude im Stil der Renaissance errichtet. Der Bahnhof blieb – und ist es bis heute – ein Kopfbahnhof. In den folgenden Jahren wurde er immer weiter vergrößert.

Die beiden Flügelbahnhöfe

1893 wurde der Starnberger Flügelbahnhof an der Nordseite des Centralbahnhofs eröffnet, der für den Regionalverkehr bestimmt war. Das Empfangsgebäude blieb aber ein Provisorium. Südlich des seit 1904 München Hauptbahnhof genannten Ensembles gesellte sich der Holzkirchener Bahnhof hinzu. 1911 war mit den Planungen begonnen worden. Kriegsbedingt wurden beide Flügelbahnhöfe komplett mit Empfangsgebäude erst 1921 eröffnet.

Blick vom Zentralen Omnibusbahnhof an der Hackerbrücke auf das Gleisvorfeld des Münchner Hauptbahnhofs. Hier stand einst der erste Münchner Bahnhof. Bild: Michael Siebert

Die Gleishalle des Münchner Hauptbahnhofs stammt aus dem Jahr 1960. Der schmucklose zweischiffige Bau überdacht 16 Gleise. Im Hintergrund die Frauenkirche. Bild: Birgl

Die Bombenangriffe im Zweiten Weltkrieg verwüsteten einen Großteil der Bahnanlagen. Ab Februar 1945 war jeder Zugverkehr unmöglich. Im Mai begann unter Leitung der amerikanischen Besatzungsmacht der Wiederaufbau, der zuerst die Sprengung unbrauchbar gewordener Gebäudeteile nötig machte. Viel blieb nicht mehr übrig von dem stolzen Renaissancebau. Der Wiederaufbau ging in mehreren Etappen vonstatten und ist letztlich immer noch nicht abgeschlossen, denn 2019 wurde das Empfangsgebäude mit der hohen Schalterhalle, ein langweiliger aus dem Jahr 1960 stammender Zweckbau, abgerissen.

Starke Auslastung

Der Bahnhof verfügt über 32 Gleise, die sich auf die drei Bahnhofsteile verteilen. Außerdem befinden sich eine Etage tiefer zwei Gleise der S-Bahn und noch eine Etage tiefer gibt es einen U-Bahnhof, den die meisten Linien des Netzes anfahren. Auf dem Bahnhofsvorplatz kann man in sieben verschiedene Straßenbahnlinien umsteigen. Hinter Hamburg (Kapitel 46) und Frankfurt am Main (Kapitel 51) belegt er Platz drei unter den Bahnhöfen mit den stärksten Passagierzahlen in Deutschland.

Stuttgart 21

58 Ein Großprojekt der Deutschen Bahn

Neue städtebauliche Entwicklungsperspektiven sollen sich für die baden-württembergische Landeshauptstadt durch das Großprojekt Stuttgart 21 eröffnen. Der Kopfbahnhof soll durch einen modernen Durchgangsbahnhof in mehreren Etagen ersetzt werden. Außerdem ist ein kompletter Umbau der Bahnstrecke nach Ulm geplant. Dieses Jahrhundertprojekt stieß auf heftige Proteste der Bevölkerung. Das Interesse an Juchtenkäfern und Wutbürgern war enorm. Doch die Bagger zogen heran. Bei den Arbeiten wurde der im Stil der Neuen Sachlichkeit konstruierte Bonatzbau aus dem Jahr 1928 mit seinem berühmten, von einem Mercedes-Stern gekrönten Uhrenturm beschädigt.

Der neue Bahnhof soll komplett unterirdisch sein. Das denkmalgeschützte Empfangsgebäude soll erhalten bleiben und ihm werden andere Aufgaben zugewiesen. Ende 2025 soll das Projekt weitestgehend abgeschlossen sein. Dann wird man sehen, inwieweit sich die Befürchtungen der Gegner bestätigen.

Das Innere des Stuttgarter Hauptbahnhofs im Zustand vor dem umfassenden Umbau: klare Linien und eher spartanisch gehalten. Bild: Hans Braxmeier

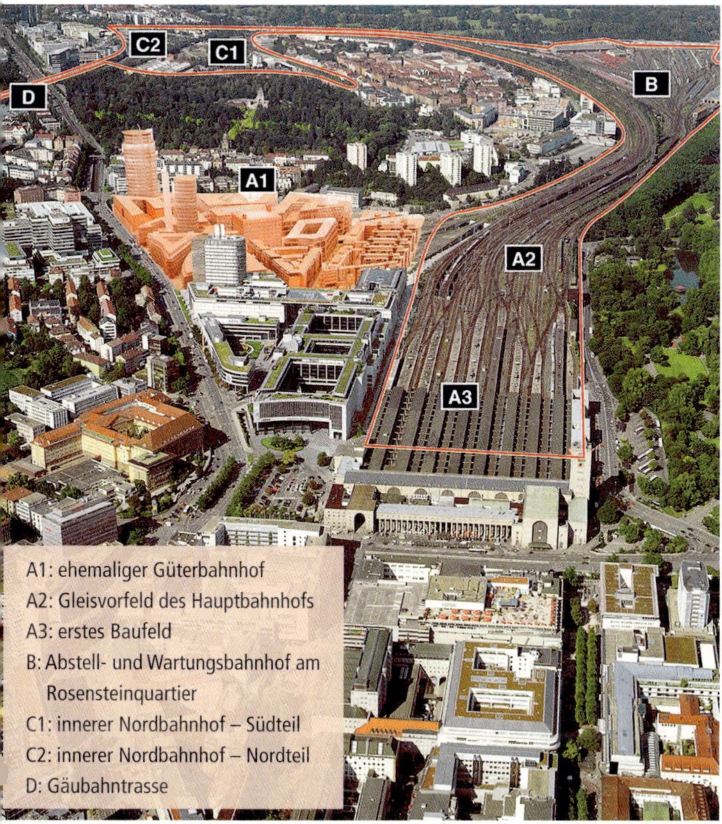
C2
C1
D
B
A1
A2
A3
A1: ehemaliger Güterbahnhof
A2: Gleisvorfeld des Hauptbahnhofs
A3: erstes Baufeld
B: Abstell- und Wartungsbahnhof am Rosensteinquartier
C1: innerer Nordbahnhof – Südteil
C2: innerer Nordbahnhof – Nordteil
D: Gäubahntrasse

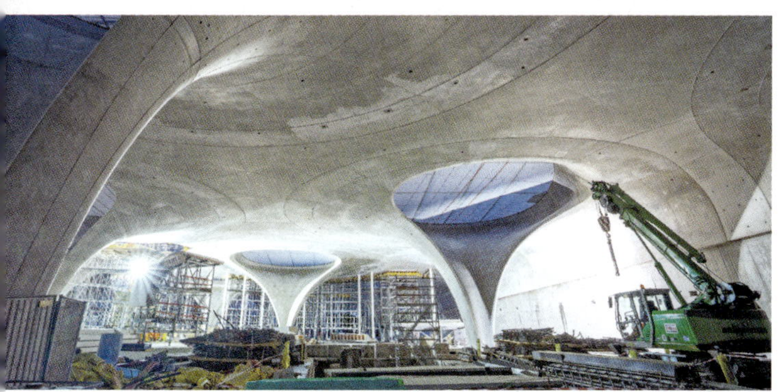

Oben: Die Planungsabschnitte für Stuttgart 21. Bild: Luftbild/Bildmontage; DB AG/DB Services Immobilien GmbH

Unten: Die Baustelle Stuttgart Hauptbahnhof schreitet voran. Bild: Deutsche Bahn AG / Jannik Walter

Insel-Bahnhof Lindau

59

Einzigartige Lage im Bodensee

Die Stadt Lindau, die auf einer Insel im Bodensee liegr, wurde bereits 1853 an das bayerische Eisenbahnnetz angeschlossen. Das jetzige Empfangsgebäude wurde zwischen 1913 und 1921 errichtet. In dieser Zeit bestand noch ein Trajekt über den Bodensee in die Schweiz. Um den Bahnhof zu erreichen, müssen die Züge einen rund 500 Meter langen Damm befahren, der auf die Insel führt.

Die Lage des Lindauer Hauptbahnhofs ist einzigartig: direkt neben der Altstadt und dem Hafen. Kaum zu glauben, dass es um dieses Juwel einen heftigen Streit gab. Doch die DB wollte den alten Kopfbahnhof aufgeben und den Güterbahnhof Reutin auf dem Festland zu einem Durchgangsbahnhof ausbauen, um die Fahrtdauer senken zu können. Den beherzten Bürger gelang es nicht, das zu verhindern, aber immerhin konnten sie den Erhalt des alten Bahnhofs sichern.

Auf diesem Bild erkennt man die gesamte Ausdehnung der Insel im Bodensee mit der Stadt Lindau, dem Hafen und einem großzügigen Jachthafen. Bild: Oberle Peter/Pixelio.de

Die Züge fahren über einen Fahrdamm in den Bahnhof auf der Insel ein und halten direkt am Hafen, den man am oberen Bildrand erkennen kann. Bild: Oberle Peter/Pixelio.de

Rekorde

Wichtigste Fernbahnhöfe in Deutschland

Einige Platzierungen sind überraschend, an dieser Stelle folge die 50 meistfrequentierten Bahnhöfe in Deutschland. Nebe dem Bahnhof sind die jährlich gezählten Passagiere (in Millionen) aufgeführt. Die ersten elf gehören zu den zu den 20 meist frequentierten Bahnhöfen in Europa.

	Bahnhof	Pass.
1	Hamburg Hbf	196
2	Frankfurt (Main) Hbf	180
3	München Hbf	151
4	Berlin Hbf	120
5	Köln Hbf	116
6	Berlin Friedrichstraße	95
7	Hannover Hbf	95
8	Stuttgart Hbf	93
9	Düsseldorf Hbf	91
10	Berlin Ostkreuz	91
11	Nürnberg Hbf	76
12	Berlin-Gesundbrunnen	74
13	Berlin Südkreuz	65
14	München Ostbf	63
15	München Marienplatz	59
16	Essen Hbf	55
17	Berlin Alexanderplatz	55
18	Bremen Hbf	54
19	München-Pasing	51
20	Hamburg-Altona	50
21	Leipzig Hbf	49
22	Duisburg Hbf	47
23	Berlin Zoologischer Garten	47
24	Dortmund Hbf	45
25	Mannheim Hbf	43
26	Berlin Ostbahnhof	36
27	Stuttgart Hbf	36
28	Frankfurt (Main) Konstabler Wache	36
29	Frankfurt (Main) Hauptwache	35
30	München Karlsplatz	32
31	Berlin Warschauer Straße	31
32	Berlin-Lichtenberg	31
33	Hamburg Harburg	29
34	Mainz Hbf	27
35	Freiburg (Breisgau) Hbf	26
36	Hamburg Jungfernstieg	26
37	Karlsruhe Hbf	26
38	Potsdam Hbf	25
39	Dresden Hbf	24
40	Münster (Westf) Hbf	24
41	München Rosenheimer Platz	20
42	Frankfurt (Main) Flughafen	19
43	Augsburg Hbf	18
44	Pforzheim Hbf	18
45	Tübingen Hbf	18
46	Würzburg Hbf	18
47	Wiesbaden Hbf	17
48	Erfurt Hbf	17
49	München Isartor	16
50	Heidelberg Hbf	15

61

Ein Berg, zwei Bahnen

Konkurrenz auf der Rigi

Der Eifersucht Schweizer Gemeinden ist es zu verdanken, dass gleich zwei Zahnradbahnen auf die Rigi fahren. Das letzte Stück verlaufen die Strecken sogar nebeneinander. Es war eine Sternstunde, als 1871 die erste europäische Zahnradbahn eröffnet wurde. Die Vitznau–Rigi-Bahn führte auf der Luzerner Seite des Berges von Vitznau am Vierwaldstätter See hinauf zu Rigi Staffelhöhe, nicht aber auf den Gipfel, denn der liegt im Kanton Schwyz und die Konzession hatte nur der Kanton Luzern erteilt. In Arth im Kanton Schwyz hatte man schon früh mitbekommen, was hinter dem Berg los war. Schnell sicherte man sich eine eigene Konzession und begann mit dem Bau der Arth–Rigi-Bahn. Doch erst 1875 dampfte die erste Lok hinauf auf den Gipfel. In der Zwischenzeit hatte die Luzerner Bahn verhandelt und erreicht, dass sie – gegen Pacht natürlich – ab 1873 bis zum Rigi Kulm hochfahren konnte. So kam es dazu, dass beide Bahnen im gleichen Bergbahnhof endeten.

Der 96 Meter hohe Sendeturm und das Rigi-Kulm-Hotel links von der Bergstation der Zahnradbahnen in einer grandiosen Luftaufnahme. Früher stand hier ein Grandhotel mit 300 Betten. Andreas Rothenbühler/Pixelio.de

Die Schwyzer waren zwar langsamer, aber sie konnten damit punkten, dass sie die sehr viel schöneren Wagen hatten und die Strecke war attraktiver. Da beide Bahnen von denselben Ingenieuren gebaut wurden, haben sie das gleiche Zahnradsystem Riggenbach. Die Arth-Rigi-Bahn wurde bereits 1907 elektrifiziert, die Vitznau–Rigi-Bahn musste dreißig Jahre länger warten.

Jahrelang waren die beiden Bahnen Konkurrenten, doch heute sind sie unter dem Dach der Rigi Bahnen AG vereint, zusammen mit einer Seilbahn und Skiliften. Beide Bahnen sind ganzjährig in Betrieb.

Luzern

62

Nur das Portal blieb vom alten Bahnhof

Der Bahnhof Luzern ist ein Neubau aus dem Jahr 1991. Der Vorgängerbau von 1896 war 1971 abgebrannt. Nur noch das Hauptportal ist erhalten und steht auf dem Bahnhofsvorplatz. Damit ist er bereits der dritte, denn 1859 war der erste Bahnhof entstanden, ein Holzbau am südlichen Reussufer und direkt am Vierwaldstätter See. Konzipiert als Kopfbahnhof war er nicht weit von der Anlegestelle der Schifffahrtsgesellschaft Vierwaldstättersee entfernt, was für Umsteigende sehr praktisch war.

Der mächtige Kuppelbau

Dieser Bau blieb verhältnismäßig lange stehen. Bis 1896 wurde dann der neue Bahnhof errichtet. Das war auch gut so, denn immer mehr Eisenbahnstrecken waren nach Luzern gekommen, das sich zu einem Drehkreuz im Herzen der Schweiz entwickelte. Dann kam 1971 – ein Brand zerstörte den zweiten Bahnhof. Die eindrucksvolle Kuppel stürzte

Das Portal des alten Empfangsgebäudes von Luzern steht noch. Der Rest wurde 1971 bei einem Großbrand zerstört. Bild: Michael Dörflinger

Der Bahnhof von Luzern liegt direkt am Vierwaldstätter See. Hier sieht man den neuen Bahnhof von oben, davor das alte Portal. Bild: Zsolt Somorjai/ETH-Bibliothek Zürich, Bildarchiv

ein. Erst 1991 wurde der Nachfolgebau fertig, wieder ein Kopfbahnhof. Doch Luzern ist an seine Grenzen gestoßen. Die Planungen laufen, den Bahnhof in eine tiefere Etage auszudehnen und einen unterirdischen Durchgangsbahnhof zu schaffen. Vermutlich 2040 soll es so weit sein.

Wussten Sie schon?

Das Verkehrshaus der Schweiz erreicht man entweder mit einer Zugfahrt zum Bahnhof Luzern Verkehrshaus oder nach einem halbstündigen Spaziergang entlang der hübschen Seepromenade. Hier findet man alte Loks, Bahnsimulatoren, Seilbahnen, Ausstellungen zu Straßenverkehr, Luft- und Raumfahrt sowie zum Gotthard-Basistunnel. Dazu eine Schokolade-Erlebnistour, die Schweiz von oben, ein Kino, Planetarium und vieles mehr.

Der Zürcher Hauptbahnhof

Der größte Bahnhof der Schweiz

63

Zürich ist nicht nur eine kulturell, wirtschaftlich und geschichtlich bedeutende Stadt, sondern auch ein zentraler Verkehrsknoten in Europa. Hier beginnt die Gotthardbahn, hierher kommen TGV und ICE und noch rund 2.900 andere Züge täglich. Zürich Hauptbahnhof gilt deshalb als einer der meistfrequentierten Bahnhöfe Europas und verzeichnet höhere Passagierzahlen als München. Der Kopfbahnhof streckt sich nur wenige hundert Meter nördlich des Stadtzentrums aus. Unter der Erde sind noch zusätzliche Durchgangsgleise eingerichtet.

Der neue Bahnhof von 1871

Nach einem ersten Bau von 1847 (siehe Abb. S. 17) wurde bis 1871 das heutige Empfangsgebäude errichtet, wie so oft im Stil der Neorenaissance. 1930 wurde eine neue Bahnsteighalle vor diesem Gebäude er-

Blick Richtung Süden zum Hauptbahnhof. Die Limmat fließt östlich am Kopfbahnhof vorbei. Unterhalb des Bahnhofs steht das Schweizerische Nationalmuseum. Bild: Commonist C.C. 3.0

Im Hintergrund links sieht man den Hardturmviadukt, rechts in Richtung auf den Fotografen die Letzigrabenbrücke, die längste Eisenbahnbrücke der Schweiz Bild: Sammlung Dörflinger

richtet, wo die Züge nunmehr hielten. Damit war in der alten Halle Platz für allerlei Verkaufspavillons. Heute werden dort Kunstwerke ausgestellt.

Pläne für einen Neubau im 20. Jahrhundert wurden nie verwirklicht. Allerdings wurde der Bahnhof immer wieder erweitert, in den 1980ern auch unterirdisch. Die Tiefbahnhöfe Museumstrasse und Löwenstrasse (erst 2014) sowie der Sihltal-Zürich-Uetliberg-Bahn (SZU) kamen hinzu. Auf dem Bahnhofsvorplatz gibt es Möglichkeiten zum Umstieg in Busse und Straßenbahnen. Der Internationale Busbahnhof liegt etwas weiter im Norden an der Sihl.

Wussten Sie schon?

Das Schienennetz der Schweiz hat über 8.200 Brücken, doch die beiden längsten stehen nicht etwa in den Alpen sondern im flachen Zürich. Der Hardturmviadukt zwischen den Bahnhöfen Zürich Hardbrücke und Zürich Oerlikon ist mit einer Länge von 1.126 Metern auf Platz zwei hinter der Letzigrabenbrücke beim Hauptbahnhof mit 1.156 Metern.

Das Matterhorn im Winter. Direkt neben der Strecke der Gornergratbahn zieht man seine Schwünge ins Tal und fährt dann wieder mit der Bahn hoch. Bild: Michael Dörflinger

Die Gornergratbahn

64

Die Bergstation mit Blick aufs Matterhorn

Die Gornergratbahn beginnt neben dem Bahnhof Zermatt. Die meterspurige Zahnradbahn wurde 1898 eröffnet. Der Bergbahnhof ist nach der Station Jungfraujoch der Jungfraubahn der zweithöchste Endbahnhof Europas, da diese aber unterirdisch liegt, ist Gornergrat der höchste überirdische unseres Kontinents. Die Streckenführung der Gornergratbahn bietet einen hervorragenden Blick auf das imposante Matterhorn. Über die Station Riffelalp gelangt man zu Europas höchstgelegener Straßenbahn. Sie wurde 1899 gebaut, um das Hotel Riffelalp mit der Gornergratbahn zu verbinden, fährt aber nur zwischen Juni und Oktober. Nach 9,34 Kilometern erreicht man die Bergstation Gornergrat auf 3.089 Höhenmetern.

Die Gornergratbahn wird gerne als Ouvertüre zum Glacier Express gefahren. Sie gehört auch zur BVZ Holding, der die Matterhorn-Gotthard-Bahn gehört, zusammen mit der RhB betreibt sie den Glacier Express. An der Bergstation findet man ein Berghotel, in dessen beiden Türmen zwei Observatorien untergebracht sind. Das Bahnhofsgebäude ähnelt einem kleinen Schlösschen.

Bergstation der Gornergratbahn. Sie ist der zweithöchste Endbahnhof Europas nach der Bergstation der Jungfraubahn. Bild: Michael Dörflinger

Die Metro Alpin von Saas-Fee

65

Der höchste U-Bahnhof der Welt

Drei Weltrekorde kann man auf dem Mittelallalin im Schweizer Kanton Wallis erleben: die höchste U-Bahn der Welt, die größte Gletschergrotte der Welt und das höchstgelegene Drehrestaurant der Welt. Die unterirdisch verlaufende Standseilbahn Metro Alpin wurde im Dezember 1984 eröffnet. Mit ihr gelangt man auf den Mittelallalin, einen Nebengipfel des Viertausenders Allalinhorn. Um die Talstation zu erreichen, fährt man von Saas-Fee aus mit der Gondelbahn Alpin Express I. Der Tunnel ist fast 1,8 Kilometer lang und die Bahn überwindet 476 Höhenmeter. Die Bergstation liegt auf 3.456 Metern. Der Bahnsteig ist als Treppe errichtet, was durch die Bauform der Bergbahnwagen erforderlich ist. Man kann trefflich darüber streiten, ob es sich da wirklich um eine U-Bahn und somit einen Bahnhof handelt oder nicht. Weil die Geschichte so schön ist, wollen wir davon ausgehen, das es so ist und nehmen die Metro Alpin ins Buch auf.

Die Bergstation Mittelallalin befindet sich 3.456 Meter über dem Meer. Das macht sie zum höchstgelegenen U-Bahnhof der Welt. Bild: Michael Dörflinger

Innsbruck Hauptbahnhof

Ein Bahnhof mit langer Geschichte

Der erste Bahnhof von Innsbruck war 1858 eröffnet worden. Seine Bedeutung wuchs, denn hier kreuzten sich in den folgenden Jahren die Inntalstrecke mit der Brennerbahn und der Arlbergbahn, den drei wichtigsten Eisenbahnstrecken des Westteils von Österreich. Dieser Bahnhof wurde im Zweiten Weltkrieg fast völlig zerstört und konnte einige Jahre nur mit Provisorien betrieben werden. 1956 endlich entstand ein neues Empfangsgebäude, im Stil eher sachlich und zweckorientiert.

Der neue Hauptbahnhof

Die ÖBB stieß nach der Jahrtausendwende einen Neubau an, der 2004 fertig gestellt wurde. Innsbruck ist der wichtigste Bahnhofsknoten Westösterreichs. Der Güterbahnhof »Frachtenbahnhof Innsbruck« im Bild auf der rechten Seite soll irgendwann aufgegeben werden und wird neuen Wohnungen weichen.

Blick vom Bergisel auf das Areal des Hauptbahnhofs von Tirols Hauptstadt Innsbruck. Im Vordergrund erkennt man die Olympiabrücke. Bild: Bergfee/Fotolia.de

Jugendstilbahnhöfe in Wien

Glanzvolle Architektur der Stadtbahn

67

1898 hatte die Dampfstadtbahn ihren Betrieb aufgenommen. Sie war rechtlich eine Eisenbahn, hatte aber neben vielen oberirdischen Streckenabschnitten einige in Tieflage und außerdem unterirdische Abschnitte. Die Anlagen der Stadtbahn sind heute denkmalgeschützt und das aus gutem Grund. Denn die überragend gelungene dekorative Architektur Otto Wagners, die wunderschönen Stationsgebäude, das herrliche, blumige Ornament der Brücken und Geländer, die resedagrüne Lackierung sind Meisterwerke ersten Ranges – besonders, nachdem sie nach aufwendigen Restaurierungsarbeiten wieder im alten Glanz erstrahlen.

Otto Wagner – Architekt und Ästhet

Der 1841 in Penzing (heute Stadtteil von Wien, bei Schloss Schönbrunn) geborene Wagner war als erfolgreicher Architekt in Wien tätig, als er 1894 den Auftrag erhielt, die einheitliche architektonische Ausgestaltung der Hochbauten und Brücken der neuen Stadtbahn zu übernehmen. Sogar an dem Design des Rollmaterials war er beteiligt. Es war die Zeit der

Weltberühmt sind die im Sezessionsstil gehaltenen Otto-Wagner-Pavillons, in denen man am Wiener Karlsplatz zu den Bahnsteigen gelangt. Bild: Ledermann/ÖNB

Einer der Otto-Wagner-Pavillons am Wiener Karlsplatz aus der Nähe. Für die einen ein Eingang zur Stadtbahn, für andere ein echtes Kunstwerk. Bild: Jens Junge

Secession, einer künstlerischen Hochkultur, wie es sie in der Kunstgeschichte nur selten einmal gibt. In Deutschland kennt man sie als Jugendstil. Sie versuchte, die Welt zu einem Gesamtkunstwerk zu formen. Wagners Leistung wurde lange unterschätzt. Doch die Fähigkeit, mit der er floreale Formen und Funktion vereinte, übertrifft sogar die berühmte Pariser Métro. Otto Wagner starb hoch geachtet 1918 mit 76 Jahren.

Der Mythos Stadtbahn

Die gesamte Anlage steht heute unter Denkmalschutz. Das gilt sowohl für die unverwechselbaren Stadtbahngeländer der Brücken mit Sonnenblumenverzierungen wie die Stadtbahnbögen der hochgelegten Strecken, in die meistens Geschäfte eingebaut wurden. Vor allem gilt es für die einzigartigen Zugänge zu den Gleisanlagen an den verschiedenen Bahnhöfen. Heute sind von den 36 Stadtbahnstationen noch 20 Empfangsgebäude erhalten. Da man ihre Bedeutung zum Glück noch rechtzeitig erkannt hatte, wurden sie fachmännisch renoviert und erstrahlen im alten Glanz. Die beiden schönsten und berühmtesten zieren den Karlsplatz. Sie beherbergen heute ein Café und das Otto-Wagner-Museum. Beide waren wegen Bauarbeiten an der U-Bahn abgetragen worden und wurden 1978 originalgetreu wiederhergestellt.

Paris Gare du Nord

Europas betriebsamster Bahnhof

68

Der Pariser Nordbahnhof – auf französisch »Gare du Nord« – ist mit täglich ungefähr 700.000 Reisenden und 2.100 abfahrenden Zügen nicht nur der betriebsamste Bahnhof Europas, er gehört auch zu den berühmtesten. Sein Flair verführte immer wieder Regisseure dazu, ihn als Kulisse ihrer Kinofilme zu verwenden, dazu gehören Klassiker wie »Die Bourne Identität« oder »Die fabelhafte Welt der Amélie«.

Nach England, Benelux und Norddeutschland

Am Gare du Nord kommen die Züge aus dem Norden und Nordosten an. Von hier fährt der Eurostar nach London. Mit dem Thalys sind Brüssel, Amsterdam, Köln und Essen zu erreichen. TGV-Züge verbinden die nordfranzösischen Städte Lille, Boulogne, Calais und Dünkirchen mit der Hauptstadt. Außerdem ist der Gare du Nord Ausgangspunkt

Die Fassade des Gare du Nord wird von neun Frauenstatuen gekrönt. Darunter wurde in den Friesen das Wort »Nord« angebracht. Bild: Carsten Kykal/Fotolia.de

Das klassizistische Hauptportal des Pariser Nordbahnhofs hat noch sechs weitere Statuen zu bieten. Bild: Nicolas Kramer/Fotolia.de

mehrerer Regional- und Nahverkehrszüge. Das prächtige Empfangsgebäude stammt aus dem Jahr 1865. Es war die glanzvolle Ära Kaiser Napoleons III.

Der Belgische Bahnhof als Vorgänger

An der Stelle des heutigen Gare du Nord war 1846 eine Eisenbahnstation entstanden, die damals noch als »Belgischer Bahnhof« bezeichnet wurde. Sie gehörte zur privaten Eisenbahngesellschaft Chemin de Fer du Nord, deren Strecken nicht nur die nordfranzösischen Städte bedienten, sondern bis nach Belgien reichten.

Wegen des stark steigenden Verkehrs waren 1860 ein teilweiser Abriss und ein bis 1865 dauernder Neubau notwendig. Die Zahl der Gleise wurde anlässlich der Weltausstellungen 1889 und 1900 erhöht. Heute verfügt der Bahnhof an der Place Napoléon III über 31 Bahnsteiggleise. Vier davon befinden sich unterirdisch. Weltweit ist der meistfrequentierte Bahnhof Europas übrigens nach japanischen Berechnungen erst die Nummer 24.

Paris Gare de l'Est

Das Tor in den Osten

69

Von diesem Bahnhof aus startete der Orient-Express. Offiziell heißt der Bahnhof »Paris-Est«. Er wird auch »Gare de l'Est« genannt, was nichts anderes als »Ostbahnhof« bedeutet. Er liegt direkt neben dem Gare du Nord, dem Pariser Nordbahnhof (siehe vorheriges Kapitel). Aber seine Gleise führen in östliche Richtung, in das Netz der ehemaligen Bahngesellschaft Est.

Der Bahnhof wurde 1849 von der Eisenbahngesellschaft Compagnie du chemin de fer de Paris à Strasbourg errichtet. Aus dieser Bahngesellschaft entstand 1853 die Compagnie des Chemins de fer de l'Est. Kurz darauf erfolgte die Umbenennung in Gare de l'Est. Im Ersten Weltkrieg diente der Bahnhof als Sammelpunkt für Soldaten, die mit Zügen an die Ostfront transportiert wurden, also an die Front gegen Deutschland. Ein Monumentalgemälde des US-Künstlers Albert Herter in der Haupthalle erinnert an diese schicksalhafte Zeit.

Seit 2007 fahren Hochgeschwindigkeitszüge aus Paris-Est in den Osten Frankreichs, nach Luxemburg und Süddeutschland. Heute wird der Bahnhof jährlich von über 33 Millionen Passagieren auf 29 Bahnsteigen benutzt. Zu den künstlerischen Besonderheiten gehört eine Giebelfigur, die die Stadt Straßburg darstellt. Die historische Uhr unter ihr wird von zwei Figuren flankiert, die für die Flüsse Seine und Rhein stehen.

Das Innere des Empfangsgebäudes wurde modernisiert – siehe die Rolltreppe – und renoviert. So bietet es ein angenehmes Flair. Bild: Benh Lieu Song/C.C.3.0

Das Empfangsgebäude des Gare de l'Est. Bild: Mbzt/C.C. 3.0

Auf diesem Luftbild erkennt man, dass der Pariser Ostbahnhof (im Bild links) nicht weit vom Nordbahnhof entfernt ist. Bild: David Monniaux/C.C. 3.0

1895: Gare Montparnasse

Der kurioseste Eisenbahnunfall

70

Einer der bekanntesten Unfälle der Eisenbahngeschichte ereignete sich am 22. Oktober 1895 in Paris. Um 16 Uhr sollte an diesem Tag ein Zug der privaten Eisenbahngesellschaft Compagnie des chemins de fer de l'Ouest aus Granville kommend am Bahnhof Montparnasse eintreffen. Die Lokomotive zog 14 Wagen, sechs davon Personenwagen mit 131 Passagieren an Bord. Da sich der Zug etwas verspätet hatte, versuchte der Lokführer, mit höherer Geschwindigkeit die fahrplanmäßige Ankunft doch noch einzuhalten. Es wird geschätzt, dass der Zug mit 40 bis 60 km/h in den Bahnhof fuhr. In diesem

Die Lok und Schaulustige. Eine Dampflok, die aus dem ersten Stock auf die Straße fällt grenzte an Surrealismus. Bild: Sammlung Michael Dörflinger

Dieses Bild der verunfallten Lok Nr. 721 ging um die Welt. Bild: Sammlung Michael Dörflinger

Augenblick versagten die Druckluftbremsen von Westinghouse. Der Lokführer und sein Heizer konnten noch rechtzeitig abspringen, bevor die Lokomotive den Prellbock rammte, durch die Bahnhofshalle rollte, ein Fenster und die Brüstung durchbrach, um dann zehn Meter tief auf den Boulevard du Montparnasse zu krachen. Unter den Passagieren gab es Verletzte, aber keine Toten. Auf dem Vorplatz kam eine Frau ums Leben. Die Lok Nr. 721 erlitt nur geringe Schäden. Nur durch viel Glück waren nicht mehr Tote zu beklagen, im Bahnhof war gerade nicht viel los.

Châtelet – Les Halles

71

Der größte U-Bahnhof der Welt?

Für ihre 2,1 Millionen Bürger hat die Pariser Métro mit jährlich 1.559.500.000 Passagieren eine enorme Auslastung. Das liegt sicher vor allem an den rund zehn Millionen Einwohnern der um die französische Hauptstadt liegenden Departments, von denen viele pendeln. Zwischen dem Louvre und dem Pariser Rathaus gelegen, ist die 1977 eröffnete Untergrundstation von unglaublichen Ausmaßen. Der Abbruch der alten Markthallen und die Neubebauung des Areals bot auch die Möglichkeit zum Bau dieses Drehkreuzes.

Zentraler Verkehrsknoten im Herzen von Paris

In den Bau des neuen Umsteigebahnhofs wurden die beiden bestehenden Métro-Stationen Les Halles und Châtelet einbezogen. Kernstück ist die große Bahnsteighalle mit sieben Gleisen, 325 Meter lang und 80 Meter breit. Den Passagieren stehen vier Bahnsteige zur Verfügung, um die S-Bahn-Züge der RER – Linien A, B und D – zu verlassen oder einzusteigen. Die Halle liegt im fünften Untergeschoss (–5). Ein Stockwerk höher (–4) befindet sich die Verteilerebene, über die man zu den U-Bahnen kommt. Es sind die Linien 1, 4, 7, 11 und 14. Außerdem sind bereits einige Geschäfte zu finden. Sie gehören zu dem großen Einkaufszentrum West-

Das Pariser Drehkreuz wird von drei RER-Linien und fünf Métrolinien bedient. Man kann drei der vier Bahnsteige erkennen. Auf dem vierten stand der Fotograf. Bild: poudou99/C.C.3.0

Das beliebte Café-Restaurant Sarah Bernhardt auf der Place du Châtelet kann man direkt mit der Métro erreichen. Ausstieg Chatelet – Les Halles! Bild: xiquinhosilvaC.C. 2.0

field Forum des Halles, das sich von hier bis auf die Ebene 0 erstreckt. Es ist einer der großen Anziehungspunkte der Pariser mit Kinos, über zwanzig Restaurants und Cafés und 123 Geschäften, Boutiquen und Dienstleistern. Das Gelände der alten Hallen wurde zu einem Park mit einer Vielzahl an Unterhaltungsmöglichkeiten umgebaut.

Jährlich über 25 Millionen Passagiere

Diese Station ist der meistfrequentierte Umsteige-Tunnelbahnhof Europas. Die Betreibergesellschaft RATP selbst bezeichnet ihn als den größten Untergrundbahnhof Europas, er gilt sogar als der größte der Welt. Doch genaue Zahlen sind nicht zu erhalten, die einen Vergleich der verschiedenen Stationen ermöglichen würden.

Wussten Sie schon?

Dieser Tunnelbahnhof ist nach Bauwerken benannt, die nicht mehr existieren. Die berühmten Markthallen »Les Halles«, die Emile Zola so eindringlich beschrieben hat, wurden Anfang der 1970er-Jahre abgerissen. Das Châtelet hat bereits 1802 seine Existenz verloren. Napoleon, der damals noch Erster Konsul war, ließ das Kastell abreißen.

Gare do Oriente, Lissabon

Spektakuläre Dachkonstruktion

72

Der Gare do Oriente (Ostbahnhof) in der portugiesischen Hauptstadt Lissabon gehört zu den jüngsten Bahnhöfen Europas. Er wurde am 19. Mai 1998 rechtzeitig zur Eröffnung der Weltausstellung Expo 98 in Betrieb genommen. Im gleichen Jahr gewann er den Brunel-Preis in der Kategorie für große Neubauprojekte. Auffallend ist die ultra-modernistische Architektur, die aus Science-Fiction-Filmen stammen könnte. In der grandiosen Struktur aus Glas und Metall sind modernistische und gotische Stile vereint. Die Gleise werden von einer Dachkonstruktion überdeckt, die den Passagieren ein Höchstmaß an Helligkeit beschert und einem Waldhimmel ähnelt.

Der Gare do Oriente entwickelte sich zu einem der wichtigsten Hauptverkehrsknoten Portugals. Er wird jährlich von etwa 75 Millionen Passagieren benutzt. Die Züge halten an acht Bahnsteigen mit Durchgangsgleisen. Unterhalb des Bahnhofs befindet sich eine U-Bahn-Station, von der aus zur Innenstadt Lissabons und zum Flughafen gefahren werden kann. Eine integrierte Busstation bietet zudem Verbindungen zu Zielen innerhalb Portugals und im Ausland.

Die Dachkonstruktion erstreckt sich über die Gleise wie ein Gewölbe auch Ästen und Zweigen.

Bild: imelenchon

Barcelona

73

Bahnhöfe mit Tradition und Neubauten

Bereits 1848 hielten auf dem Gebiet des heutigen Bahnhofs Estació de França in Barcelona die ersten Züge. Nach einem grundlegenden Umbau 1929 wurde der Bahnhof zu einem optischen Leckerbissen. Lange Jahre fungierte er als Hauptbahnhof. Doch in den 1970er-Jahren löste ihn der neu errichtete Bahnhof Sants in dieser Funktion ab. Inzwischen verkehren zu diesem schönen Art-déco-Bahnhof keine Fernzüge mehr. Die hat alle Sants abgestaubt. Genau andersherum verlief es mit dem Bahnhof Barcelona-Catalunya. 1924 als U-Bahnhof eröffnet, verkehren dort inzwischen auch Regionalzüge.

Ein Neubau: Sagrera

Auch Barcelona hat sein BER, denn seit 2009 basteln die Katalanen bereits an dem neuen Bahnhof Barcelona-Sagrera, der zum zweitgrößten Bahnhof der Stadt werden soll. Sicherlich kommt dieses Buch noch schneller heraus als dass Sagrera eröffnet wird.

Die Bahnhofshalle des Estació de França wurde 1929 anlässlich der Weltausstellung in Barcelona sehr edel gestaltet. Bild: Dirk Schulz

Im 1856 erbauten Nordbahnhof halten seit 1972 keine Züge mehr. Hier befindet sich heute eine Sportanlage, die auch bei Olympia 1992 genutzt wurde. Bild: Arnim Schulz/Fotolia.de

Der Franzosenbahnhof (Estació de França) wurde mehrmals renoviert und modernisiert. Er wird heute nicht mehr vom Fernverkehr angefahren. Bild: Antonio Jiménez Alonso

Der Bahnhof von Brescello

74

Don Camillos kleine Welt

Wer kennt sie nicht, die Geschichten aus der kleinen Welt des Don Camillo, jenes streitbaren italienischen Pfarrers, der es allein mit einem ganzen Stoßtrupp Kommunisten aufnimmt? Eine wichtige Rolle spielt in den Büchern und Filmen auch die Eisenbahn. Der Schriftsteller Giovannino Guareschi sorgt dafür, dass sein Pfarrer strafversetzt wird. Don Camillo kommt an den Bahnhof seines kleinen Heimatortes Brescello am Po, um den Zug in sein Exil zu nehmen.

Im ersten Film »Don Camillo und Peppone« von 1952 wird gezeigt, wie der Bahnhof völlig leer ist. Will sich niemand von ihm verabschieden? Der kommunistische Bürgermeister Peppone hat jedem Prügel angedroht, der doch erscheint. Traurig steigt Don Camillo in seinen Regionalzug, der noch alte Abteilwagen mitführt. Doch am nächsten Halt stehen seine lieben Schäfchen und beglücken den gerührten Priester mit allerlei Reiseproviant. Doch dann das völlig Unerwartete: Am übernächsten Bahnhof stehen die Kommunisten zum Abschied bereit. Don Camillo kehrt im zweiten Film im Zug zurück zum Bahnhof Brescello. Der unbedeutende Landbahnhof gelangte durch Don Camillo zu Weltruhm. Und Giovannino Guareschi? Eines seiner Bücher, das er sogar extra für seinen deutschen Verlag zusammengestellt hat, trägt den hübschen Titel »Bleib in deinem D-Zug!« (1954).

Der Bahnhof von Don Camillos Heimatort Brescello. Bild: Arbalete C.C. 3.0

Die ältesten U-Bahnhöfe

London war der Pionier

75

Mitte des 19. Jahrhunderts nahm der Verkehr in London enorme Ausmaße an. Die verschiedenen privaten Eisenbahngesellschaften hatten Kopfbahnhöfe errichtet, die außerhalb des Stadtzentrums angelegt waren. Um den Reisenden den Straßenverkehr in die City zu ersparen und sie schnell zum Bahnhof King's Cross zu bringen, aber auch um Güter ins Zentrum zu befördern, kam die Idee einer Bahn im Untergrund auf. Es hatte schon seit spätestens 1836 immer wieder Überlegungen gegeben, die Eisenbahn bis in die Innenstadt zu führen, doch war es niemandem gelungen, die Zustimmung der Öffentlichkeit, geschweige denn die nötigen Geldmittel aufzubringen.

So dauerte es bis 1860, dass die Bauarbeiten beginnen konnten. Doch dann ging es recht schnell. Am 9. Januar 1863 startete der erste Zug mit Ehrengästen auf der neuen Strecke zwischen Paddington und Farrington im Westen Londons. Es war die Geburtsstunde der U-Bahn. Schon am folgenden Tag begann der Regelbetrieb.

Jungfernfahrt der ersten U-Bahn der Welt. Mit hohen steifen Zylindern auf dem Kopf sitzen die Ehrengäste dicht gedrängt im offenen Wagen, der eine perfekte Rundumsicht ermöglichte, um die neue Bahn intensiv zu erleben. Bild: Sammlung Michael Dörflinger

Die Station Baker Street der Metropolitan Railway sollte so aussehen. Sie gehört zum ältesten Streckenabschnitt der 1863 eröffneten U-Bahn. Bild: Sammlung Michael Dörflinger

Die Metropolitan Railway, so der Name dieser neuen Attraktion, verkehrte unter der Erde. Sie war mit Dreischienengleis ausgestattet, denn die Breitspurzüge der GWR fuhren dort zunächst ebenso wie die normalspurigen der Great Northern Railway, die die Hauptstadt mit den nördlich gelegenen Regionen Großbritanniens verband. Man setzte Dampflokomotiven ein. Wie man auf dem Bild oben sieht, wurden an der Oberseite der Tunnelröhre Öffnungen angebracht, in die sich der Dampf verziehen sollte. Doch das klappte nicht wie gewünscht. Vor allem das Lokpersonal litt häufig unter Kopfschmerzen. Die Passagiere, die sich ohnehin nicht den ganzen Tag im Untergrund aufhielten, hatten es besser. Sie saßen in Abteilwagen, die mit Gaslampen beleuchtet wurden. Es gab drei Klassen.

Sehr schnell war klar, dass dieses neue Verkehrsmittel enorme Vorteile brachte. So war es kein Wunder, dass die Idee, alle Bahnhöfe der Stadt mit einer Ringlinie zu verbinden, nicht lange auf sich warten ließ. Der »Inner Circle« sollte im südlichen Abschnitt von der neu gegründeten »District Railway« gebaut werden. Gleichzeitig verlängerte die Metropolitan ihre Strecke, etwa nach Notting Hill und Hammersmith.

Doch zu einem vollständigen Ring kam es wegen Differenzen der Betreiber und anderen Problemen erst viele Jahre später. Im Laufe der nun folgenden Jahre gruben noch mehrere andere Anbieter in den Untergrund von London ihre eigenen Strecken.

Sicher gegen deutsche Bomben

U-Bahnhöfe als Bunker

76

Besonders die im Schildvortrieb gebauten Stationen der Londoner »Tube« liegen mit rund dreißig Metern sehr tief unter der Erde. So war es kein Wunder, dass sich dorthin bei den ersten Luftangriffen der deutschen Bomber im Zweiten Weltkrieg viele Londoner flüchteten. Es wurden von der Regierung Luftschutzbunker eingerichtet, in denen die Bürger der Hauptstadt nachts schlafen oder zumindest sicher ruhen konnten.

Überleben und Arbeiten im Untergrund

Doch auch die Regierung nutzte die Sicherheit der Stollen. So wurden etwa bedeutende Kunstwerke eingelagert. In der seit 1932 geschlossenen Station Down Street hielt eine Zeit lang Churchill seinen Kriegsrat. Vor allem aber war dort das Railway Executive Committee untergebracht, das die Eisenbahnen des Landes kontrollierte. An anderen Orten wurden Einrichtungen für die Kriegsindustrie untergebracht, die als besonderes Ziel der deutschen Bomben galten und deshalb speziell gesichert wurden. Der Firma Plessy standen dafür Abschnitte eines neuen, aber noch nicht in Betrieb genommenen Abschnitts der Central Line zur Verfügung. Eine Feldbahn für den Transport wurde eingerichtet, man erkennt die Gleise auf der Abbildung S. 155 oben auf der linken Seite. Die U-Bahn trug stark dazu bei, den Durchhaltewillen des britischen Volkes gegen die Bedrohung durch die Nazis zu stärken. Beim »Blitz«, wie die Bombenangriffe in England genannt werden, hatte Hitlers Strategie einmal mehr versagt.

Schlafgelegenheiten in einem Tunnel waren im Zweiten Weltkrieg Realität.

Bild: Toni Frissell Collection/Library of Congress

Zwischen den Stationen Leytonstone und Gants Hill der Central Line arbeiteten diese Frauen ab 1942 für die Firma Plessy und stellten Flugzeugkomponenten her. Bild: London Transport Museum

In der Station Aldwych der Piccadilly Line in der Londoner City suchen diese Menschen Schutz vor den Nazi-Bombern. Heute ist die Station geschlossen. Bild: Imperial War Museum

77 Aus Zwei mach Eins

Victoria Station

Nahe bei Buckingham Palace. Bild: Loco Steve/C.C. 2.0

Der im Herzen des Londoner Westend liegende Bahnhof gehört zu den bekanntesten und betriebsamsten Verkehrsknoten Großbritanniens. Victoria Station nimmt die aus südlicher Richtung kommenden Züge auf. Nebenan steht eine Busstation, und im Untergrund hält die Londoner Tube. Die heutige Victoria Station entstand aus ursprünglich zwei getrennten Bahnhöfen, die verschiedenen Eisenbahngesellschaften gehörten. Mit der 1921 stattgefundenen Fusion mehrerer Unternehmen zur Southern Railway kam auch die Victoria Station unter das Dach eines einzigen Betreibers. Die Vereinigung zu einem einheitlichen Bahnhof erfolgte drei Jahre später. Ungefähr 76 Millionen Menschen betreten oder verlassen jährlich die Victoria Station. Für die Züge stehen 19 Bahnsteige zur Verfügung.

78 St Pancras International

Der berühmte Londoner Bahnhof

Wer mit dem Eurostar nach London fährt, kommt im Bahnhof St Pancras an. Modernität trifft hier auf ein Stück Geschichte, auf ein Juwel viktorianischer Architektur, wie man es nur selten sieht. Wegen seiner spektakulären Fassade wurde St Pancras sogar für Außenaufnahmen in einem Harry-Potter-Film gewählt, obwohl der Zug in der Geschichte von Bahnsteig 9 ¾ des Bahnhofs King‘s Cross abfuhr.

Der im Stadtteil Camden gelegene, 1868 in Betrieb genommene Kopfbahnhof dient außerdem als Endstation für Züge aus den East Midlands und beherbergt auch inländische Hochgeschwindigkeitszüge von und nach Kent sowie Thameslink-Züge, die von Norden aus Bedford Richtung Süden bis Brighton und zurück fahren. Jährlich wird der Bahnhof von etwa 24 Millionen Passagieren benutzt.

Der Bahnhof St Pancras ist typisch für die viktorianische Zeit. Bild: dvdlws/C.C. 2.0

Waterloo Station

79

Londons wichtigster Bahnhof

Der meistfrequentierte Bahnhof der britischen Hauptstadt London wurde nach der Brücke benannt, die in unmittelbarer Nähe zu finden ist. Das Gebäude von 1848 wurde 1900 abgerissen, als es drohte, aus allen Nähten zu platzen. Es dauerte über 20 Jahre bis der Neubau endlich fertig war. Zu der Anlage gehören auch die U-Bahn-Station der frühere Eurostar-Zielpunkt Waterloo International. Seit 2007 endet der in St. Pancras International. Der Bahnhof Waterloo East ist durch eine Fußgängerbrücke erreichbar.

Bahnsteighalle von Waterloo Station. Bild: Fran Gambín

Melbourne Southern Cross

80

Bahnhof mit Dunstabzug

Der Bahnhof Southern Cross ist einer der bedeutendsten Bahnhöfe im australischen Melbourne. Er wird jährlich von etwa 15 Millionen Bahnreisenden benutzt. Züge fahren von 16 Bahnsteigen ab. Bedeutsam ist die Southern Cross Station aber nicht wegen ihrer Betriebsamkeit, sondern weil sie von einigen Kennern zu den schönsten Bahnhöfen der Welt gezählt wird. Der früher als Spencer Street Station bekannte Bahnhof wurde von 2002 bis 2006 umfassend modernisiert. Zu den auffälligsten Neuerungen gehört das wellenförmige Dach, das mit einer luftgefüllten, über einem Wald aus Y-förmigen Säulen schwebenden Decke verglichen wurde. Die Form erfüllt eine besondere Funktion: Sie ermöglicht einen natürlichen Dunstabzug durch Löcher in dem obersten Teilen des Daches.

Ein funktionales Dach kann auch gut aussehen, wie das der Bahnsteighalle von Melbourne Southern Cross beweist. Bild: Adam Selwood/C.C. 2.0

Chicago Union Station

81

Architektur und Film

Die Union Station in Chicago gilt als ein Meisterwerk der Beaux-Arts-Architektur. Sein eindrucksvollstes architektonisches Element ist das Tonnengewölbe der über 60 Meter langen und 35 Meter hohen Großen Halle, die in Filmen, wie »Die Unbestechlichen« und »Die Hochzeit meines besten Freundes«, zum Schauplatz wurde.

Die heutige Union Station wurde 1925 eröffnet und ersetzte einen früheren gleichnamigen Bahnhof, der bereits 1881 erbaut worden war. Mit täglich etwa 140.000 Passagieren steht Chicagos Union Station hinsichtlich des Fahrgastaufkommens an vierter Stelle unter den amerikanischen Bahnhöfen. Von dem Berufsverband American Planning Association (ASA) erhielt der Bahnhof 2012 die ehrenvolle Auszeichnung, ein »großartiger öffentlicher Raum« zu sein.

Die Große Halle der Union Station ist ein optischer Leckerbissen. Kein Wunder, dass sie immer wieder Filmemacher als Drehort reizte. Bild: Jim Bauer/C.C. 2.0

Die meisten U-Bahnhöfe

Immer noch trotzt New York den Chinesen

82

Die Pekinger Metro ist zwar die längste der Welt, doch was die Zahl der Stationen betrifft, liegt immer noch eine »Traditions-U-Bahn« vorn. Die New York Subway zählt mit 424 Stationen weiterhin die meisten Haltestellen. Es geistert auch die Zahl von 472 Stationen herum, doch dabei wurden von der Betreibergesellschaft Metropolitan Transportation Authority (MTA) einige Umsteigebahnhöfe mehrfach gezählt – nach der Anzahl der Bahnsteige.

Die Tücken der Statistik

Nun empfahl ja bekanntlich bereits Winston Churchill, man solle keiner Statistik trauen, die man nicht selbst gefälscht habe, deshalb lohnt es sich, einmal auf ein paar Zahlen zu schauen. So werden bei der Metro von Seoul oft die Stationen der Staatsbahn KORAIL im Großraum der südkoreanischen Hauptstadt mitgezählt und schon landet man bei

Die 1904 eröffnete Station 125th Street der New York Subway über dem Broadway. Nicht weit weg ist das New York City Police Department. Bild: Carol M. Highsmith Archive/ Linrary of Congress

Das Empfangsgebäude der Station Coney Island–Stillwell Avenue ist das südlichste der New York Subway. Es wurde Anfang der 2000er renoviert. Bild: Carol M. Highsmith Archive/ Library of Congress

rund 730 Stationen. Würde man diese Zählung bei Berlin machen, dann wäre man bei 339 und damit in den Top Ten gut dabei. Und vermutlich eröffnet Schanghai in der Zeit vom Schreiben dieses Buchs bis zur Auslieferung elf neue Stationen und liegt dann auf dem Spitzenplatz. Doch das ist ja gut so, denn es beweist, dass sich der Metro-Verkehr weltweit ausdehnt und immer neue Strecken erschließt. Gute Nachrichten für die vielen Pendler ebenso wie für die Umwelt.

Doch zurück nach New York! Wenn man überlegt, dass die Subway rund um die Uhr in Betrieb ist und an jeder Station zu Stoßzeiten alle zwei bis fünf Minuten ein Zug hält, dann kann man sich vorstellen, dass die New Yorker U-Bahn auch bei der Anzahl der Stopps und Abfahrten pro Tag ganz vorne liegt. Doch hierzu gibt es leider keine statistischen Erhebungen.

Die meisten U-Bahnhöfe

1	New York	424
2	Schanghai	414
3	Peking	405
4	Seoul	380
5	Madrid	302
	Paris	302
7	Guangzhou	271
8	London	270
9	Shenzen	252
10	Moskau	242

Pennsylvania Station

Tunnelbahnhof in Manhattan

83

Einer der frequentiertesten Fernverkehrs-Bahnhöfe der westlichen Welt liegt mitten in der Metropole New York, direkt in Manhattan, nicht weit vom Empire State Building. Täglich benutzen den chronisch überlasteten Bahnhof etwa 630.000 Fahrgäste. Die Züge halten auf 21 Gleisen. Pennsylvania Station – oder einfach Penn Station – hat ihren Namen von der 1846 gegründeten Eisenbahngesellschaft Pennsylvania Railroad Company (PRR), die ein dichtes Schienennetz im Nordosten der Vereinigten Staaten unterhielt und zeitweise als größte Eisenbahngesellschaft der USA galt. Wer allerdings nach einem beeindruckenden Bahnhofsgebäude sucht, wird umsonst Ausschau halten, denn die Penn Station befindet sich gänzlich im Untergrund.

Erst bejubelt, dann unterirdisch

Das Bahnhofsgebäude der Pennsylvania Station in New York wurde 1910 eröffnet, als die Gleise der PRR unter dem Hudson hindurch näher ins Zentrum fahren konnten. Es galt als ein Meisterwerk der Beaux-Arts-Architektur und eines der herausragendsten architektonischen Werke New Yorks. Doch das half dem Gebäude nichts: 1963 wurde es abgerissen und machte dem Madison Square Garden Platz. Der Bahnhof tauchte in den Untergrund ab.

Das 1963 abgerissene Empfangsgebäude. Bild: Sammlung Michael Dörflinger

Washington Union Station

84

Hauptstadtbahnhof der USA

Selbst wer noch nie die Hauptstadt der USA besucht hat, kennt trotzdem den Hauptbahnhof von Washington, denn das Bahnhofsgebäude dient wegen seiner höchst eindrucksvollen Architektur immer wieder als Kulisse für Filmszenen. Dazu gehörten »Mr. Smith geht nach Washington« und der Hitchcock-Thriller »Der Fremde im Zug«. Die Union Station ist einer der bedeutendsten Verkehrsknoten der Vereinigten Staaten und zugleich ein beliebter Freizeitort. Ursprünglich besaß jede der größeren Eisenbahngesellschaften einen eigenen Bahnhof in der Hauptstadt. 1901 entschlossen sich jedoch die Pennsylvania Railroad und die Baltimore and Ohio Railroad, einen gemeinsamen Bahnhof zu bauen. Diese Vereinigung der Eisenbahngesellschaften unter einem Dach verlieh dem neuen Bahnhof den Namen: Union Station. Auch die Politiker hatten etwas mitzureden: Der neue Bahnhof sollte einen »monumentalen Charakter« haben. Diese nicht unbescheidene Vorgabe setzte der Architekt Daniel Burnham im neoklassizistischen Stil um. So ist zum Beispiel die mehr als 200 Meter lange Hauptfassade von Motiven des Konstantinbogens in Rom inspiriert. Auf den Säulen stehen allegorische Figuren, die den Fortschritt des Eisenbahnwesens symbolisieren.

Bei der Eröffnung 1908 war die Union Station der größte Bahnhof der Welt. Die Bahnsteige befinden sich in zwei Ebenen, wobei die Durchgangsgleise nur in der unteren Etage liegen.

Die Bahnhofshalle im neoklassizistischen Stil begeistert viele Besucher. Bild: Mark Fischer/ C.C. 2.0

Der größte Bahnhof der Welt

Die Grand Central Station in New York

85

Er ist der Bahnhof der Superlative: Die Grand Central Station – oder richtiger Grand Central Terminal – in New York ist mit 67 Gleisen auf zwei Ebenen der größte Bahnhof überhaupt. Als Kronjuwel von New York bezeichnet sich der Bahnhof selbst. Dass da was dran ist, dafür sorgt schon die prächtige Architektur dieser Kathedrale des Verkehrs. 60 Geschäfte, 35 Lokale und jede Menge kultureller Veranstaltungen sorgen dafür, dass sich hier niemand unter den vielen Fremden einsam fühlt.

Ein Bahnhof voller Geheimnisse

Das im Februar 1913 eröffnete Empfangsgebäude hatte einen älteren Bahnhof ersetzt und mehr als das. Das neue Gebäude im historisierenden Stil der Beaux-Arts wurde zu einem atemberaubenden Blickfang. Hundert Jahre nach seiner Einweihung zum Denkmal erhoben, birgt der Bahn-

Der Westbalkon des Bahnhofs befindet sich vor der Vanderbilt Hall. Im Rücken des Fotografen befinden sich die Gleise des Kopfbahnhofs. Bild: Alan Batt

Die Haupthalle hat eine Fläche von 3.300 Quadratmetern und ist 37 Meter hoch. Das sind wahrhaft klassisch amerikanische Ausmaße. Bild: Sabastian D./Fotolia.de

hof viele Geheimnisse und versteckte Schönheiten, wie etwa den Sternenhimmel an der Decke der Haupthalle oder den direkten Zugang vom Bahnsteig zum Luxushotel Waldorf-Astoria. Kein Wunder, dass der größte Bahnhof der Welt auch von Hollywood gebührend beachtet wird. Viele bekannte Spielfilme wurden hier gedreht, nicht zuletzt »Carlito's Way«, in dem Superstar Al Pacino auf dem Bahnsteig einen spektakulären Heldentod stirbt.

Der Bahnbetrieb

Grand Central Terminal hat 67 Gleise, 21 in der unteren Ebene, und ist damit allen anderen Bahnhöfen dieser Welt weit voraus. Neben mehreren U-Bahnen sind es vor allem Regionalzüge, die hier halten, um Tausende von Pendlern auszuspucken. 1947 waren noch 65 Millionen Passagiere gezählt worden, 2018 waren es 67 Millionen, Die Beliebtheit des Bahnhofs bleibt somit ungebremst.

U-Bahnhof Bekleidungshaus

Broadway Beach Pneumatic Transit

86

Das Bekleidungshaus Rogers Peet Building in der Warren Street, Ecke Broadway, barg ein Geheimnis. Es besaß zwei Kelleretagen und in der unteren befand sich seit Februar 1870 – eine U-Bahn-Station! Und das kam so: Der Verlegersohn Alfred Ely Beach und Herausgeber der legendären populärwissenschaftlichen Zeitschrift »Scientific American« ärgerte sich bereits in den 1860er-Jahren über das tägliche Verkehrschaos am Broadway. Er hatte natürlich mitbekommen, dass man in London eine Untergrundbahn gebaut hatte. Das war für ihn die richtige Medizin gegen den Verkehrsinfarkt.

Ein Projekt wie aus einem Jules-Verne-Roman

Er hatte jedoch auch von den atmosphärischen Eisenbahnen gelesen und von den Rohrpostsystemen in Europa. Das brachte ihn auf die Idee, eine U-Bahn zu bauen, die wie eine gigantische Rohrpostpatrone durch eine Tunnelröhre gedrückt wird. Alles sollte geheim bleiben. Deshalb erwarb er eine Konzession für ein Rohrpostsystem in New York. Sein Ziel war es aber, zwei Dinge zu demonstrieren: Einmal wollte er zeigen, dass es möglich sei, einen Tunnel zu graben, ohne den Verkehr an der Oberfläche beeinträchtigen zu müssen. Dazu grub er seinen Tunnel im Schildvortriebverfahren.

Blick in den Tunnel des Broadway Beach Pneumatic Transit. Die pneumatische U-Bahn von Alfred Beach war nur zu Demonstrationszwecken gebaut worden.

Bild: Library of Congress

Außerdem wollte er mit seinem Projekt be-

Blick aus dem Tunnel zum Bahnhof der pneumatischen U-Bahn von Beach. Eine Fahrt mit der Bahn war bei den New Yorkern sehr begehrt. Bild: Sammlung Michael Dörflinger

weisen, dass eine U-Bahn mit pneumatischem Antrieb möglich war. Der 95 Meter lange Tunnel zwischen Warren Street unterhalb des Rogers Peet Building bis Murray Street besaß nur eine Station, bei der auch die Anlage zur Produktion der Druckluft aufgebaut war. Dieser Bahnhof wurde sehr ansprechend ausgestaltet, um den wartenden Fahrgästen die Zeit angenehm zu verkürzen.

Ein Publikumserfolg

Der Broadway Beach Pneumatic Transit wurde wirklich erst bekannt, als er fertig war und Beach einen Artikel lancierte, der das Projekt beschrieb. In den ersten zwei Wochen waren bereits 11.000 zahlende Passagiere gezählt worden. Nach einem Jahr waren es über 400.000. Beach wollte die Bahn erweitern und als echte U-Bahn nutzbar machen, scheiterte aber an den Politikern. 1873 wurde die Bahn deshalb eingestellt. Als BMT 1912 die Broadway Line baute, wurde ein Teil des Tunnels integriert.

Der Bahnhof als Museum

87

Sehenswerte Ziele an der Strecke

An Wochenenden und Feiertagen herrscht zwischen Bremervörde und Osterholz-Scharmbeck buntes Treiben. Dann sind die Triebwagen des »Moorexpress« unterwegs durch die beeindruckende alte Moorlandschaft nördlich von Bremen. Künstler wie Mackensen, Modersohn, Paula Modersohn-Becker oder Heinrich Vogeler schätzten diese raue Landschaft, die als »Teufelsmoor« bekannt ist. Die »Bremervörde-Osterholzer Eisenbahn« wickelte seit 1909 den Verkehr auf dieser Strecke ab. 1978 wurde der Personenverkehr eingestellt. Doch seit 2006 bietet die »Eisenbahnen und Verkehrsbetriebe Elbe-Weser GmbH« (EVB) zwischen Mai und Oktober regelmäßige Fahrten ab Bremen durch das Teufelsmoor bis nach Stade an.

Jugendstilbahnhof auf dem Land

Etwa in der Mitte der Strecke liegt das Künstlerdorf Worpswede. In Worpswede herrscht immer noch ein reges Künstlertreiben. Das Bahnhofsgebäude von 1910 ist im Jugendstil gehalten und wurde von dem

Halt in Worpswede, wo ein Künstler den Bahnhof verschönerte. Bild: Harald Wanetschka/Pixelio.de

Im Empfangsgebäude des Bahnhofs Vienenburg, dem ältesten deutschen, das sich noch im Betrieb befindet, gibt es ein sehenswertes Eisenbahnmuseum. Bild: Florian Hoffmann/ C.C. 3.0

Künstler Heinrich Vogeler gestaltet, der auch die Inneneinrichtung entwarf. In dem schön renovierten Haus befindet sich heute ein Restaurant. Das Empfangsgebäude des Bahnhofs Vienenburg (heute Stadtteil von Goslar) ist das älteste noch betrieblich genutzte Deutschlands. Das älteste überhaupt steht in Augsburg, allerdings wird es seit vielen Jahrzehnten von der dortigen Straßenbahn genutzt. Interessantes Detail ist der Kaisersaal, ein eigener Wartesaal für den deutschen Kaiser Wilhelm I., den er aber nach Ansicht von Historikern wohl nur einmal benutzt hat.

Eisenbahnmuseum in Vienenburg

Im Gebäude selbst befindet sich ein Museum mit interessanten Exponaten aus der Eisenbahngeschichte und einer Modellbahn, die den Bahnhof Vienenburg um 1950/60 darstellt. Es ist von Donnerstag bis Sonntag zwischen 15 und 17 Uhr geöffnet. Auf dem ehemaligen Rangierbereich des Bahnhofs befindet sich das Außengelände des Museums mit vielen Loks und Wagen. Dieser Bereich ist jederzeit zugänglich. Zu verdanken ist dieses Museum dem »Verein zur Förderung des Eisenbahnmuseums Vienenburg«. Das sind nur zwei Beispiele von weltweit vielen musealen Verwendungen in Räumen von Bahnhöfen.

Bahnhofsgeschichte live

North Yorkshire Moors Railway

88

Die englische Grafschaft Yorkshire ist ein echtes Eisenbahnparadies. Die Eisenbahn, die durch die faszinierenden Moorlandschaften dampft, ist das Werk von ehrenamtlich Tätigen. Mit jährlich 350.000 beförderten Personen ist die North Yorkshire Moors Railway nicht nur die Museumseisenbahn mit dem größten Passagieraufkommen in Großbritannien, sondern sicherlich sogar in der Welt. Die Eisenbahn verkehrt zwischen Whitby und Pickering in der nordenglischen Grafschaft North Yorkshire. Die 29 Kilometer lange Strecke durchquert dabei den von Mooren und Flusstälern geprägten Nationalpark North Yorkshire Moors. Unter den Lokomotiven sind die besten Maschinen, die das Vereinigte Königreich zu bieten hatte, etwa eine Class N2 der Great Northern Railway (GNR) oder die LNER A4 No. 60007 »Sir Nigel Gresley«, eine Schwesterlok der schnellsten Dampflok aller Zeiten.

Der Clou dieser Museumsbahn sind einige der berührten Bahnhöfe. Die Clubmitglieder hatten die geniale Idee, jeden der Bahnhöfe in den Zustand einer anderen Epoche zurückzuversetzen. So kann der Besucher eine Zeitreise in die englische Eisenbahngeschichte machen.

Der Bahnhof Grosmont, der auch betrieblicher Mittelpunkt der Railway ist, wurde in den Zustand um 1950 zurückversetzt. Im

Oben: North Yorkshire Moors Railway in Pickering.

Bild: John M Wheatley

Unten: Der Bahnhof Whitby. Bild: Mike Kirby

Der Bahnhof Grosmont wurde in den Stil um 1950 zurückgebaut. Hier ist auch ein Betriebswerk eingerichtet. Bild: Mick Woodruff/Fotolia.de

Zielbahnhof Pickering kann man die Zeit Mitte der 1930er-Jahre wiedererleben. Im Bahnhof Goathland wird man ins Jahr 1922 gefahren. Zehn Jahre früher datiert der Halt Levisham. Die meisten Empfangsgebäude stammen schon aus der Zeit um 1860.

Ausgangspunkt der Bahn ist Whitby, das an der Nordseeküste liegt und bei Touristen sehr beliebt ist.

89 Ferien auf dem Bahnhof

Eisenbahnfans lieben es

An manchen Orten werden ehemalige Empfangsgebäude zu Urlaubszwecken genutzt. Hier drei Beispiele aus allen Ecken Deutschlands. Die Erlebnisbahn Ratzeburg bietet ihren Gästen zwei Übernachtungsmöglichkeiten der besonderen Art. In Ratzeburg wird im historischen Bahnhof eine Ferienwohnung angeboten. In Schmilau übernachtet man in Eisenbahnwagen direkt am Bahnhof.

In Kirchheilingen im Herzen Thüringens findet man die Kleinbahnpension, wo man in liebevoll umgebauten Eisenbahnwagen übernachten kann. Der kleine Ort ist nur wenige Kilometer von Bad Langensalza entfernt, dem Eintrittstor in den Nationalpark Hainich.

Auf der Wiese hinter dem ehemaligen Jugendstil-Bahnhof Frickingen nicht weit vom Bodensee stehen mehrere Wagen aus den 1920er-Jahren, die komplett renoviert wurden und in denen hübsche Ferienwohnungen eingerichtet wurden. Mit Fernseher, Küche und Dusche. Auch in das kleine Fachwerkhäuschen kann man einziehen. Im ehemaligen Wartesaal wurde ein Gemeinschaftsraum eingerichtet.

In Schmilau kann man in echten Eisenbahnwagen übernachten, darunter ist auch ein originaler Mitropa-Schlafwagen. Bild: Erlebnisbahn Ratzeburg

Die Wohnanlage des Ferienbahnhofs Bodensee ist auf dem Gelände das alten Bahnhofs von Frickingen untergebracht. Bild: Fritz Willibald

In den beiden Abteilen des Wagens in Kirchheilingen können bis zu vier Erwachsene übernachten. Der Blick durchs Fenster geht zu einem idyllischen Garten. Bild: Kleinbahnpension

Die Eisenbahnzeit

Auf dem Weg zur einheitlichen Uhrzeit

90

Wenn Eisenbahnen heute die Ankunft und Abfahrt von Zügen festlegen, richten sie sich nach der Uhrzeit in der entsprechenden Zeitzone. Aber so einfach war dies in der Frühzeit der Eisenbahn noch nicht. Jeder Ort hatte seine eigene Zeit. Zwölf Uhr Mittag war der Zeitpunkt, an dem die Sonne am höchsten stand. Mit dieser Methode der Zeitbestimmung war es jedoch schwierig, einen Fahrplan für eine größere Region festzulegen. Die Preußische Staatseisenbahn begann deshalb, sich nach der Berliner Zeit zu richten, und die bayerischen Bahnen wiederum stellten sich auf die Münchner Uhren ein. Aber die Uhren in Berlin und München liefen immer noch verschieden, nämlich um sieben Minuten.

Einen weiteren Schritt in Richtung Vereinheitlichung der Zeit unternahm man am 1. November 1890 in Österreich-Ungarn mit der Einführung der Zeit des 15. Längengrads als Mitteleuropäische Eisenbahn-Zeit. Die Fahrpläne wurden dementsprechend angepasst. Am 1. April 1892 folgten diesem Beispiel Bayern, Württemberg, Baden und Elsass-Lothringen. Bis zu einem einheitlichen Gesetz für ganz Deutschland dauerte es noch fast ein weiteres Jahr.

Eine typische Bahnhofsuhr. Sie ist pünktlicher als so mancher Zug. Bild: Michael Dörflinger

Erst am 1. April 1893 wurde die Mitteleuropäische Zeit für das Deutsche Reich als gesetzliche Zeit eingeführt und damit die Zeitrechnung im gesamten deutschen Verkehrsleben, im Eisenbahn-, Post- und Telegrafendienst in Übereinstimmung gebracht. Auch wenn die Eisenbahnen wegen ihrer Unpünktlichkeit oft kritisiert werden, so ist es ihnen doch zu verdanken, dass die Uhrzeit auf den Fahrplänen für alle Orte einer Zeitzone gilt.

91

Bahnhöfe im Lied

Fernweh und Heimkehr

Bahnhöfe haben für viele Menschen etwas Romantisches und sie wecken das Fernweh und die Reiselust. Kein Wunder, dass sich viele Schriftsteller mit ihnen befasst haben. Doch auch in der Musik ist der Bahnhof oft zum beliebten Thema geworden. Dazu gehört natürlich der Soundtrack von Ennio Morricone zu einem Film, der rund um das Thema Eisenbahn kreist und seinen Höhepunkt erlebt, als die Arbeiter anfangen, einen neuen Bahnhof zu bauen. Die Rede ist von »Spiel mir das Lied vom Tod«, der Originaltitel ist weniger reißerisch: »Once upon a Time in the West«.

In der Tabelle auf dieser Seite ist eine kleine Auswahl bekannter oder manchmal weniger bekannter Bahnhofslieder der verschiedensten Musikrichtungen aufgelistet.

Interpret	Titel	Jahr
Homocord Orchester	Wer hat bloß den Käse zum Bahnhof gerollt?	1927
J. Adderley/John Coltrane	Grand Central	1959
The Monkees	Last Train to Clarksville	1966
Jimi Hendrix	Hear my Train a comin´	1967
Reinhard Mey	Hauptbahnhof Hamm	1967
Olivia Newton-John	In a Station	1971
Johnny Cash	Destination Victoria Station	1975
Nina Hagen	Auf´m Bahnhof Zoo	1978
Electric Light Orchestra	Last Train to London	1979
Freddy Quinn	Mein Zuhause ist der Bahnhof	1980
Abba	The Day before you came (Video)	1982
Flash and the Pan	Waiting for a Train	1983
Juliane Werding	Das Würfelspiel	1986
Pet Shop Boys	King´s Cross	1987
The Parachute Men	Leeds Station	1989
U2	Zoo Station	1991
Steps Ahead	Penn Station	1995
Fettes Brot	Bahnsteigkante	2001
John Williams	Platform Nine-And-Three-Quarters	2001
Tracey Thorn	By Piccadilly Station I sat down and wept	2007
Michelle	Der Typ vom Bahnsteig 3	2009

Der längste Bahnhofsname

Ein Rekord, der Touristen anlockt

92

Mag New York den größten Bahnhof der Welt besitzen, der längste Bahnhofsname der Welt ist in Wales zu finden, etwa eine Autostunde von der bei Touristen überaus beliebten Ffestiniog Railway entfernt.

Der Ort liegt auf der Insel Angelsey im Norden von Wales und heißt Llanfairpwllgwyngyllgogerychwyrndrobwllllantysiliogogogoch. Dieser Begriff bedeutet soviel wie »Marienkirche in einer Mulde weißer Haseln in der Nähe des schnellen Wirbels und der Thysiliokirche bei der roten Höhle«. Die Gemeinde hat den längsten Ortsnamen in Europa. Weltweit gibt es noch längere, aber eben ohne Bahnhof. Viele reisen nur wegen des Namens hierher.

Llanfairpwllgwyngyllgogerychwyrndrobwllllantysiliogogogoch – kein Ortsname ist in Europa länger. Touristen lieben ihn. Bild: David Dixon

93

Harry Potters Bahnhof

Das legendäre Gleis 9 3/4

Jeden 1. September um 11 Uhr startet in Joanne K. Rowlings berühmter Romanreihe über den Zauberlehrling Harry Potter und seine Freunde der Hogwarts-Express zum Bahnhof Hogsmeade in Schottland. Nicht weit davon entfernt liegt Hogwarts, eine Schule für Hexerei und Zauberei. Doch wo startet dieser Eilzug, der die Schüler und Lehrer aus den Ferien in den bezaubernden Alltag bringt? Vom Londoner Bahnhof King's Cross aus Gleis 9¾. Menschen wie Autor und Leser dieses Buchs, sogenannte Muggel, können dieses Gleis eigentlich nicht sehen, das man durch ein verstecktes Portal in der Wand zwischen den Gleisen 9 und 10 erreicht. Aber findige Tourismusspezialisten haben nicht nur dafür gesorgt, dass man ein Hinweisschild auf das Gleis im Bahnhof King's Cross findet, sondern auch wer weiß wo noch. Schon längst kann man in Schottland die berühmte Filmstrecke abfahren, die Museumsbahn Jacobite Steam Train fährt allerdings bereits seit den Achtzigern wieder …

Der Viadukt von Glenfinnan in Schottland ist dank der Harry-Potter-Filme einer der berühmtesten Viadukte der Welt. Bild: Javi Polinario – Bild oben: Sammlung Michael Dörflinger

Eisenbahn in der Malerei

Vom Impressionismus zur Moderne

94

Nicht nur die Architekten, Musiker und Schriftsteller beschäftigten sich mit der Eisenbahn. Auch in der Malerei findet man ihre Spuren. Besonders in Deutschland, Großbritannien und Frankreich waren in der zweiten Hälfte des 19. Jahrhunderts die Pinselkünstler von den rauchenden schwarzen Dampflokomotiven und dem lebhaften Treiben in den großen Bahnhöfen fasziniert. Immer noch durfte die Eisenbahn als neue Technik gelten.

Große Maler und ihr Motiv

Meister wie Turner, Pissaro, Manet, Monet, van Gogh oder Cézanne beschäftigten sich mit der Eisenbahn. Hinzu kommen die vielen weniger bekannten Maler, deren Bilder heute als historische Zeugnisse gelten

1877 malte Claude Monet im impressionistischen Stil den Pariser Bahnhof Saint-Lazare, der ein Stück nördlich von der Place de la Concorde liegt. Bild: Sammlung Michael Dörflinger

»Ankunft eines Zuges am Nordwestbahnhof in Wien« stammt vom österreichischen Maler Karl Karger. Das Bild ist zwei Jahre älter als das von Monet. Bild: Google Cultural Institute

können. Spätere Stars der Szene wie Ernst Ludwig Kirchner oder Egon Schiele (siehe nächstes Kapitel) waren schon als Kinder von diesem Thema begeistert. So ist es kein Wunder, dass Eisenbahn und Bahnhöfe immer wieder in ihrem Oeuvre auftauchen.

Immer noch ein großes Thema

Bei einer Ausstellung in Liverpool wurden 2008 rund hundert Gemälde und historische Fotografien präsentiert, die sich künstlerisch mit der Eisenbahn auseinandersetzten. In Großbritannien gibt es heute noch eine Künstlervereinigung namens Guild of Railway Artists mit rund 150 Mitgliedern, die sich dem Thema Eisenbahn verschrieben haben und in verschiedensten Stilen moderne und alte Lokomotiven malen.

Wer sich für dieses Thema interessiert, dem sei »Die Eisenbahn in der Malerei« des Bonner Kunsthistorikers Heinrich Lützeler von 1971 empfohlen, ein großformatiger Bildband mit vielen Abbildungen. Leider kann man sich diesen Band derzeit nur antiquarisch beschaffen oder in der Bibliothek ausleihen.

Schiele, der Eisenbahnersohn

Aufgewachsen in einem Bahnhof

95

Einer der wohl bedeutendsten Maler des 20. Jahrhunderts hatte eine ganz besondere Beziehung zur Eisenbahn. Am 12. Juni 1890 wurde in der kleinen Stadt Tulln an der Donau, rund 40 Kilometer westlich von Wien, dem Bahnhofsvorstand Adolf Eugen Schiele von seiner Frau Marie das dritte Kind geboren. Der Junge bekam den Namen Egon. Schon früh interessierte sich Egon für die Eisenbahn – kein Wunder, fuhren die Fernzüge der Franz-Josephs-Bahn täglich an der elterlichen Wohnung im Bahnhofs-Empfangsgebäude vorbei und wurden von seinem Vater dirigiert.

Schon als Kind ist Eisenbahn sein Motiv

So wundert es nicht, dass sich der Schüler Schiele, als er seine Leidenschaft für das Malen und Zeichnen entdeckte, sehr häufig die Eisenbahn als Sujet heranzog. Doch der Vater litt an den Folgen einer Syphiliserkrankung und musste aus dem Dienst scheiden, was auch bedeutete, dass

1895 malte der fünfjährige Egon Schiele dieses Bild einer Dampflokomotive. Vermutlich hat er sich da eher an einer Spielzeuglok orientiert. Bild: Egon Schiele

Der Bahnhof von Tulln war der Arbeitsplatz des Vaters von Egon Schiele und das Geburtshaus des großen österreichischen Malers. Bild: Alessandra Comini

die Familie aus der Wohnung im Empfangsgebäude des Bahnhofs Tulln ausziehen musste. Der junge Schiele beschäftigte sich dennoch weiter mit Eisenbahnmotiven.

Eine kurze Karriere mit großer Wirkung

Mit 16 Jahren studierte er Malerei, sein Talent war nicht unentdeckt geblieben. Er lernte den berühmten Gustav Klimt kennen, der ihm ein väterlicher Freund und Förderer wurde. Der Stoffkreis seiner Zeichnungen und Gemälde änderte sich nun. Nicht mehr Lokomotiven und Züge fesselten ihn, sondern es waren vor allem spärlich bekleidete Frauen, Porträts und Landschaften. Sein Stil entwickelte sich weiter und er wurde ein Wegbereiter des Expressionismus.

Egon Schiele wurde 1918 zum Opfer der tödlichen spanischen Grippe, die weltweit mehr als fünfzig Millionen Menschen das Leben kostete. Doch sein Werk ist heute noch lebendig und wird vielleicht höher geschätzt als je zuvor. Er gilt als einer der größten österreichischen Maler.

Der Kulturbahnhof

Kunst und Eisenbahn finden zusammen

96

Was für ein Gedanke! Als nach dem Zweiten Weltkrieg der Gare d'Orsay für die Züge, die hier halten sollten, zu klein wurde, stand er lange leer und endlich kam man auf die Idee, ihn in ein Museum umzuwidmen. Und es kam noch besser: In dem im Stil der Belle Epoque gehaltenen ehemaligen Bahnhof aus dem Jahr 1900 sollten Künstler ausgestellt werden, die gerade in jener Epoche gewirkt haben. Herausragend ist die Sammlung der Impressionisten – die,

wie wir oben gesehen haben, gerade auch zur Eisenbahn und zu Bahnhöfen eine besondere Affinität besaßen.

Kultur im öffentlichen Raum

Dieses Vorbild blieb lange ohne Folgen. Doch nach der Wiedervereinigung wurden gerade in Deutschland, aber auch in anderen Ländern, immer mehr Bahnhofsgebäude entweder umgewidmet oder die Kunst trat in die noch im Betrieb befindlichen Bahnhöfe ein. So geschehen etwa in Stockholm (siehe Kapitel 39). Es war eine Zeit, in der die Kunst sich aus dem musealen Umfeld befreite und in den öffentlichen Raum drang. Erste Züge dieser Bewegung waren bereits die Graffiti-Sprüher.

Viele Empfangsgebäude kleinerer Bahnhöfe wurden in den letzten Jahren aufgegeben und teils verkauft. Oft erwarben die Gemeinden die Häuser und machten sie zum Ort von Lesungen, Ausstellungen oder setzten ein Museum hinein. In Remagen wurde 2007 im Bahnhof Rolandseck das Arp Museum gegründet, in dem sich immer mehr bedeutende Kunst der Moderne versammelt. In den ehemaligen Wartesälen der Bahnhofs Hamburg-Harburg finden Konzerte und Ausstellungen statt. Der Kunstverein Harburger Bahnhof von 1999 e.V. ist hier sehr aktiv. In Kassel wurde der Hauptbahnhof nach der Einrichtung von Kassel-Wilhelmshöhe zum KulturBahnhof. In nicht mehr gebrauchten Arealen werden vielerlei kulturelle und kulinarische Angebote gemacht.

Der im Jahr 1900 eröffnete Bahnhof für die Südwestverbindungen nach Paris Gare d'Orsay wurde bereits seit 1978 zu einem Museum umgestaltet. Bild: mneves01

97 Zuganzeigen und Durchsagen

Entwicklung von analog zu digital

Besonders bei Bahnhöfen mit mehreren Gleisen wurden genauere Informationen für den Fahrgast nötig, auf welchen Bahnsteig er sich denn begeben müsse, um den richtigen Zug zu erwischen. Oft wurden Schildermasten mit den möglichen Fahrzielen aufgestellt, wobei ein Bediensteter das aktuelle Ziel hochstellte, das es zu lesen war. Später kamen mechanische Zugzielanzeiger auf, bei denen wie unten im Bild die Abfahrtszeit eingestellt werden musste, Das Fahrziel konnte hinzukommen. Später gab es zum Beispiel in der DDR Anzeigetafeln, bei denen das aktuelle Ziel mit einer Leuchtstoffröhre erhellt wurde und sich so abhob.

Ein moderneres System war der Fallblattanzeiger. Hierbei waren verschiedene Buchstaben und Zahlen auf Kärtchen hinterlegt, die dann so angewählt wurden, dass sie die passenden Informationen geben konnten.

Mit der Einführung von LED-Bildschirmen konnten die Informationen in beliebiger Form aufbereitet werden. Die Daten dieser dynamischen Fahrgastinformation (DFI-Systeme) sind aktuell und vernetzt, was eine sehr viel genauere Unterrichtung der Fahrgäste ermöglicht – auch wenn das nicht immer zu funktionieren scheint.

Und wenn alle Stricke reißen, hört man bei Lautsprecherdurchsagen aktuellste Informationen oder Warnungen vor dem demnächst einfahrenden Zug.

Manuell wurden diese Abfahrtsanzeigen direkt am Gleis eingestellt. Bild: Wolfgang Eckert

Der Fallblattanzeiger des Typs M der AEG war bis in die 2000er-Jahre hinein auf allen größeren Bahnhöfen zu finden. Hier wurden alle nötigen Infos gegeben. Eine eventuelle Verspätung wurde auf dem Feld rechts oben angezeigt. Bei vielen Passagieren löste das klappernde Rascheln, das auftrat, wenn eine neue Anzeige eingestellt wurde, ein Gefühl der Spannung aus. Es war immer ein bisschen das Gefühl wie das Wirbeln der Kugeln bei der Ziehung der Lottozahlen. Bild: Ratopi/ CC-BY-SA-2.5

Die moderne digitale Anzeigetafel mit einer heute bei der Deutschen Bahn nicht ungewöhnlichen Info: Einer Verspätungsmeldung. Diese Systeme sind in der Regel vernetzt und bieten aktuellste Informationen. Bild: Hand Braxmeier

Das Rauchverbot

Dem Qualmen werden Grenzen gesetzt

98

In der Hausordnung für ihre Bahnhöfe untersagt die Deutsche Bahn unter Punkt 1.10: *»Rauchen, einschl. E-Zigaretten und Verdampfern, außerhalb der gekennzeichneten Raucherbereiche. Zigarettenreste müssen ausschließlich in den dafür vorgesehenen Abfallbehälter entsorgt werden.«* Schlimmstenfalls riskiert der Raucher sogar ein Hausverbot, was ihm auch Zugfahrten unmöglich macht. Zumindest in der Theorie.

In den Zügen herrscht seit längeren ein striktes Rauchverbot, auch in den öffentlichen Räumen. Seit der Jahrtausendwende wurde es für die Anhänger des Glimmstengels immer ungemütlicher. Das Bundesnichtraucherschutzgesetz verbietet seit 2007 das Rauchen in Bahnhöfen der Deutschen Bahn, auch auf dem Bahnsteig. An den Bahnsteigen gibt es jedoch abgetrennte Bereiche, in denen das Rauchen noch erlaubt ist. Sie sind gelb umrandet und haben – einen Aschenbecher.

Auf der ganzen Welt werden immer weniger Orte in der Öffentlichkeit den Rauchern für ihr Laster geöffnet. Das gilt auch für Bahnsteige im Freien. Bild: Fang Y.M.

Fahrräder am Bahnhof

99

Ein schier unlösbares Problem

Wildparken, kaputtgemachte Drahtesel, verrostete Fahrräder, umgefallene Fahrradreihen, die man erst mühsam entwirren muss: An vielen Bahnhöfen herrscht das pure Chaos. Immerhin sind an vielen größeren Bahnhöfen aus Privatinitiative Fahrradparkhäuser entstanden. Bei der Deutschen Bahn hat man das Problem inzwischen erkannt. *»Gemeinsam mit dem Bundesverkehrsministerium wollen wir über 1,5 Mio. Fahrradstellplätze an unseren 5.400 Bahnhöfen in Deutschland errichten, um das Reisen mit Bahn und Rad komfortabler zu gestalten. Bis Ende 2023 können Länder und Gemeinden Bundesmittel in Höhe von insgesamt 657 Millionen Euro vom Bundesministerium für Verkehr und digitale Infrastruktur für Radverkehrsprojekte vor Ort beantragen.«* So heißt es in einer Pressemitteilung. Da die Verantwortlichen nicht selbst erkennen, wo der Schuh am meisten drückt – man müsste nur mal die Situation persönlich anschauen, werden die Kunden befragt. Hoffen wir auf bessere Zeiten.

Solche. Fahrradberge kennt jeder, der öfters an einen Bahnhof kommt. Klimapolitisch ideal, aber bei den Bahnbetrieben weiß man damit noch nicht so recht umzugehen. Bild: Djrdj

Barrierefreie Bahnhöfe

Umbauten für einen Zugang für alle

100

Die EU-Verordnung »TSI PRM« von 2014 sieht unter anderem vor, dass die Bahnhöfe so ausgestattet sein müssen, dass alle Reisenden die Bahn nutzen können. Angesichts der Historie der Bahnhöfe ist das eine Mammutaufgabe. Jedes Jahr baut die Deutsche Bahn rund 100 Bahnhöfe barrierefrei um. 2022 wurden etwa 1,8 Milliarden Euro für Neubauten oder Modernisierungen in den Etat gestellt. Fördermittel von Bund und Ländern unterstützen den barrierefreien Ausbau.

Aus dem Lastenheft

Es beginnt schon beim Eingang. Für den barrierefreien Zugang zu Bahnhofsgebäuden sollen Automatiktüren oder manuell leicht zu öffnende Flügeltüren den Eintritt erleichtern. Für Gehbehinderte, Familien mit Kleinkindern und Kinderwagen und Reisende mit viel Gepäck sind Treppen ein großes Problem. Aus diesem Grund wird der stufenfreie Zu-

Gut zugängliche Aufzüge sind bei Gehbehinderten unabdingbar, nicht überall gibt es helfende Hände. Barrierefreie Bahnhöfe sind eine große Zukunftsaufgabe. Bild: PDPics

Blick von der Stühlingerbrücke auf den Hauptbahnhof in Freiburg. Die Brücke wird derzeit saniert. Ein großes Problem sind auch die Aufzüge, die oft ausfallen. Bild: Gerd Altmann

gang zu den Bahnsteigen eine der entscheidenden Umbauaufgaben. Dazu gehören Aufzüge oder lange Rampen. Sehbehinderte benötigen Hilfen, um ihren Weg zu finden. Laut DB sind derzeit etwa die Hälfte aller Bahnhöfe mit taktilen Leitsystemen, wie Handläufe mit Beschriftungen in Blindenschrift oder Blindenleitstreifen, ausgestattet. Lautsprecheransagen gibt es bei 99 Prozent aller Bahnhöfe, Fahrinformationstafeln bei 98 Prozent. Wo es noch Treppen gibt, müssen sie gut erkennbare Markierungen der Stufenkanten mit einem hohem Hell-Dunkel-Kontrast haben. Auch der Zugang zu den Zügen soll niveaugleich ohne Einstiegshilfe möglich sein. Dafür muss die Bahnsteighöhe mindestens 55 Zentimeter messen. Hier sind laut DB erst zwei Drittel aller Bahnsteige umgebaut worden.

Aus diesem Grund ist es immer noch dringend nötig, dass eingeschränkten Passagieren Hilfe angeboten wird – Einstiegshilfen, sogenannte bahnsteig- oder fahrzeuggebundene mobile Rampen oder die Verwendung von Hubliften, die vom Betriebspersonal bedient werden. Das klappt aber, wie Klagen von Betroffenen zeigen, manchmal nur sehr schleppend oder gar nicht. Der Frust sitzt dann tief und es bleibt zu hoffen, dass die nötigen Anpassungen für eine durchgehende Barrierefreiheit auf Bahnhöfen bald überall umgesetzt werden.

Abschiede am Bahnsteig

Romantik, Sehnsucht und Melancholie

101

Ein Bahnhof ist nicht nur der Ort, wo man im einen Zug einsteigt und dann weg ist. Mit einer Reise sind immer Empfindungen verbunden. Eines der prägendsten Gefühle ist das Abschiednehmen. Man nimmt sich noch ein letztes Mal lang in den Arm, küsst sich zum Abschied oder reicht sich die Hand. Früher winkte man mit weißen Taschentüchern oder lief am Bahnsteig noch eine Zeit lang dem ausfahrenden Zug nach. Es ist ein melancholischer Augenblick. Umso größer dann die Freude des Wiedersehens. Die romantische Aufregung, wenn man am Bahnsteig wartet, die Unruhe, wenn sich der Zug verspätet und die überströmende Freude, wenn sich die Blicke zum Erstenmal wieder begegnen. Küsse und eigentlich hat man sich ja so viel zu erzählen. Doch in solchen Augenblicken schweigt man und versinkt in namenlosem Glück. Auch das sind Geschichten, die der Bahnhof schreibt.

Wiedersehen oder Abschied? Meist denkt man bei Bahnhofsabschieden an Liebespaare und weniger an Verwandte Bild: Sammlung Michael Dörflinger

Vom britischen Künstler Paul Day stammt diese etwa neun Meter hohe Bronzeskulptur, die man auf dem Londoner Bahnhof St Pancras International bewundern kann. Bild: Steve Bidmead

Impressum

Verantwortlich: Lothar Reiserer
Umschlag: GM
Layout: Azurmedia, Augsburg

Repro: LUDWIG:media
Herstellung: Anna Katavic
Printed in Slovenia by Florjancic

Sind Sie mit diesem Titel zufrieden? Dann würden wir uns über Ihre Weiterempfehlung freuen. Erzählen Sie es im Freundeskreis, berichten Sie Ihrem Buchhändler oder bewerten Sie bei Ihrem nächsten Onlinekauf. Und wenn Sie Kritik, Korrekturen oder Aktualisierungen haben, freuen wir uns über Ihre Nachricht an GeraMond Media, Postfach 40 02 09, D-80702 München oder per E-Mail an lektorat@verlagshaus.de.

Unser komplettes Programm finden Sie unter

Bildnachweis Umschlag:
Vorderseite – shutterstock/Markus Mainka; Rückseite – Oberle Peter/Pixelio.de; Innenklappen – Sammlung Dörflinger

In diesem Buch wird aus Gründen der besseren Lesbarkeit das generische Maskulinum verwendet. Weibliche und anderweitige Geschlechteridentitäten werden dabei ausdrücklich mitgemeint, soweit es für die Aussage erforderlich ist.

Die Deutsche Nationalbibliothek verzeichnet diese Publikation in der Deutschen Nationalbibliografie; detaillierte bibliografische Daten sind im Internet über http://dnb.d-nb.de abrufbar.

Infanteriestraße 11a
80797 München

ISBN 978-3-96453-575-7